läkeln
ür das Baby

Häkeln für das Baby

20 Häkelideen für Babys von 0–24 Monate

Lois Daykin

FOTOS VON
JOHN HESELTINE

Titel der Originalausgabe: BABY CROCHET
von Lois Daykin.

Erstveröffentlichung 2007 durch Rowan Yarns

Rowan Yarns
Green Lane Mill
Holmfirth
West Yorkshire
HD9 2DX

Copyright © Rowan Yarns 2007
Design copyright © Lois Daykin 2007

Redaktion: Susan Berry
Redaktionsassistenz: Sally Harding
Gestaltung: Anne Wilson
Styling: Susan Berry
Strickzeichnungen und Korrektur: Sue Whiting, Tricia McKenzie
Fotos: John Heseltine

Copyright © der deutschen Ausgabe 2008,
frechverlag GmbH, 70499 Stuttgart
Übersetzung: Brigitte Conrad

Druck und Bindung in China

Materialangaben und Arbeitshinweise in diesem Buch wurden von der Autorin und den Mitarbeitern des Verlags sorgfältig geprüft. Eine Garantie wird jedoch nicht übernommen. Autorin und Verlag können für eventuell auftretende Fehler oder Schäden nicht haftbar gemacht werden. Das Werk und die darin gezeigten Modelle sind urheberrechtlich geschützt. Die Vervielfältigung und Verbreitung ist, außer für private, nicht kommerzielle Zwecke, untersagt und wird zivil- und strafrechtlich verfolgt. Dies gilt insbesondere für eine Verbreitung des Werkes durch Fotokopien, Film, Funk und Fernsehen, elektronische Medien und Internet sowie für eine gewerbliche Nutzung der gezeigten Modelle. Bei Verwendung im Unterricht und in Kursen ist auf dieses Buch hinzuweisen.

ISBN 978-3-7724-6583-3
Best.-Nr. 6583

Auflage:	5.	4.	3.	2.	1.
Jahr:	2012	2011	2010	2009	2008

Inhalt

Vorwort	6
Mützchen	8
Bauklötze	14
Deko-Blüten	22
Ringelschlange	28
Schal und Mütze mit Teddymotiv	34
Schühchen	40
Teddys für sie und ihn	44
Körbchen	52
Herzgirlanden	58
Bunte Katze	64
Lätzchen	70
Wickeljäckchen	76
Kleiderbügel	82
Häschen-Tasche	86
Kissen und Decke	94
Flaschenhüllen	104
Geschenk-Deko	108
Allgemeine Erklärungen	112
Garne	118
Danksagung	119
Bezugsquellen	120

Vorwort

Ein neu geborenes Baby – ein besonders freudiges Ereignis, zu dem man natürlich mit einem ganz persönlichen Geschenk gratulieren möchte. Selbstgemacht ist dies eines der schönsten Dinge, liebe Freunde oder Verwandte zu überraschen. Da darf auch eine liebevolle Verpackung nicht fehlen. So habe ich meiner Ideenpalette zum Schluss noch zwei Vorschläge für eine individuelle Geschenkverpackung hinzugefügt.

Häkeln ist heute wesentlich beliebter, als man es vor Jahren noch gedacht hätte. Ob Spielzeug, Kuscheltiere, Dekorationen fürs Kinderzimmer oder Accessoires wie Mützchen, Schals und Schühchen, mit dieser Handarbeitstechnik können Sie wirklich fantastische Sachen für Babys gestalten. Und Sie können die ganze Palette der Rowan-Garne – Wolle, Baumwolle oder Mischgarne – dafür verwenden.

Wenn Sie die Grundmaschen des Häkelns erst einmal beherrschen, können Sie sich schnell an viele Modelle in diesem Buch wagen. Die Auswahl ist groß und es gibt einige ganz einfache Modelle nur aus festen Maschen oder Stäbchen, wie zum Beispiel Schal und Mütze, das Wickeljäckchen und die Herzgirlanden.

Durch ihre klare und robuste Struktur eignen sich Häkelmuster auch hervorragend, mit kräftigen, heiteren Farben zu spielen. Und kleine Kinder lieben bunte Spielsachen. Deshalb sind viele Häkelideen in diesem Buch sehr farbenfroh gestaltet.

Häkeln, ein faszinierendes Hobby. Die Ergebnisse sind stabil und strapazierfähig, Kleidungsstücke angenehm zu tragen und deshalb so ideal für kleine Kinder.

Die Modelle für dieses Buch anzufertigen, war ein großes Vergnügen und ich hoffe, Sie werden ebenso viel Spaß beim Nacharbeiten haben.

Mützchen

• • • • • • • • •

Von diesen niedlichen kleinen Mützen gibt es eine rosa Mädchen- und eine blaue Jungenvariante.

Das einfache Mützenmuster mit gestreiftem Rand wird mit dem superweichen Rowan-Garn *RYC Cashsoft* gehäkelt.

Als Dekoration an der Mützenspitze eignet sich für Mädchen eine plastische Blüte in den vier Farben des Mützenrandes (siehe Foto auf Seite 12) oder für Jungen eine lustige Troddel aus Luftmaschen-Ketten (siehe Foto auf Seite 13).

Vom Rand bis zur Spitze in Runden gehäkelt, sind die Mützchen sehr einfach zu arbeiten und so auch für Anfänger ein dankbares Projekt.

Alter
0–3 (3–6/6–12) Monate
Größe
33 (37/40) cm Kopfumfang

Material
Mädchen-Mütze
Rowan *RYC Cashsoft Baby DK* in Puderrosa (Fb 807), 50 g
Rowan *RYC Cashsoft DK* in Kirsche (Fb 506), Aubergine (Fb 513) und Blütenrosa (Fb 520), je 50 g
Rowan *RYC Cashsoft 4 ply* in Rosé (Fb 421), 50 g
Jungen-Mütze
Rowan *RYC Cashsoft DK* in Creme (Fb 500) und Umbrabraun (Fb 517), je 50 g
Rowan *RYC Cashsoft Baby DK* in Azurblau (Fb 809), Wolkenblau (Fb 805) und Zartgrün (Fb 804), je 50 g
Häkelnadel Nr. 4

Maschenprobe
Mit Nd Nr. 4 im Muster (abwechselnd 1 R fM und 1 R Stb)
18 M und 12,5 R = 10 cm x 10 cm

Abkürzungen
Siehe Seite 117.

Anleitung
Mit Nd Nr. 4 in Kirsche oder Azurblau 60 (66/72) Lm anschl, mit 1 Km zum Ring schließen. Jede folgende Rd beginnt bei fM mit 1 Lm, die nicht als M zählt, bei Stb mit 3 Lm, die das 1 Stb ersetzen, und endet mit 1 Km in die 1. fM bzw. die 3. Anfangs-Lm, um die Rd zu schließen.

1. Rd (rechte Seite): 1 Lm, 1 fM in jede Lm des Anschlags, 1 Km = 60 (66/72) M.
2. Rd: 1 Lm, 1 fM in jede fM der Vor-Rd, 1 Km, Faden abschneiden.
3. Rd: Mit Aubergine oder Umbrabraun anschlingen, 1 Lm, 1 fM in jede fM, 1 Km. Faden hängen lassen.
4. Rd: Mit Blütenrosa oder Wolkenblau anschlingen, 3 Lm, die 1. fM übergehen, 1 Stb in jede folg fM, 1 Km. Faden abschneiden.
5. Rd: Mit Aubergine oder Umbrabraun, 1 Lm, 1 fM in jedes Stb, 1 Km. Faden hängen lassen.
6. Rd: Mit Rosé oder Zartgrün anschlingen, 3 Lm, die 1. fM übergehen, 1 Stb in jede folg fM, 1 Km. Faden abschneiden.
7. Rd: Wie 5. Rd.
Faden abschneiden und mit Puderrosa oder Creme anschlingen.
8. Rd: 3 Lm, die 1. fM übergehen, 1 Stb in jede folg fM, 1 Km.
9. Rd: 1 Lm, 1 fM in jedes Stb, 1 Km.
Die 8. und 9. Rd noch 1 (1/2)x wdh.
Nur 1. Größe
Folg Rd: Wie 8. Rd.
Nur 3. Größe
Folg Rd: 3 Lm, die 1. fM übergehen, je 1 Stb in die folg 9 fM, *2 Stb zus abmaschen, je 1 Stb in die folg 10 fM, ab * 5x häkeln, 2 Stb zus abmaschen, 1 Km = 66 M.
Folg Rd: Wie 9. Rd.
Nur 2. und 3. Größe
Folg Rd: 3 Lm, die 1. fM übergehen, je 1 Stb in die folg 8 fM, *2 Stb zus abmaschen, je 1 Stb in die folg 9 fM, ab * 5x häkeln, 2 Stb zus abmaschen, 1 Km = 60 M.

Alle Größen

Folg Rd: 1 Lm, je 1 fM in die ersten 8 Stb, *2 fM zus abmaschen, je 1 fM in die folg 8 Stb, ab * 5x häkeln, 2 fM zus abmaschen, 1 Km = 54 M.

Folg Rd: 3 Lm, die 1. fM übergehen, je 1 Stb in die folg 5 fM, *3 Stb zus abmaschen, je 1 Stb in die folg 6 fM, ab * 5x häkeln, 3 Stb zus abmaschen, 1 Km = 42 M.

Folg Rd: 1 Lm, je 1 fM in die ersten 5 Stb, *2 fM zus abmaschen, je 1 fM in die folg 5 Stb, ab * 5x häkeln, 2 fM zus abmaschen, 1 Km = 36 M.

Folg Rd: 3 Lm, die 1. fM übergehen, je 1 Stb in die folg 2 fM, *3 Stb zus abmaschen, je 1 Stb in die folg 3 fM, ab * 5x häkeln, 3 Stb zus abmaschen, 1 Km = 24 M.

Folg Rd: 1 Lm, je 1 fM in die ersten 2 Stb, *2 fM zus abmaschen, je 1 fM in die folg 2 Stb, ab * 5x häkeln, 2 fM zus abmaschen, 1 Km = 18 M.

Folg Rd: 3 Lm, die 1. fM übergehen, 2 Stb zus abmaschen, 5x 3 Stb zus abmaschen, 1 Km = 6 M.

Folg Rd: 1 Lm, 3x 2 fM zus abmaschen, 1 Km = 3 M. Arbeit beenden.

Mützchen

Fertigstellung
Die Mütze von links leicht bügeln, dabei die Pflegehinweise auf der Garnbanderole beachten.

Blüte für die Mädchen-Mütze
1. Blütenblattkranz
Mit Nd Nr. 4 in Aubergine 6 Lm anschl, mit 1 Km zum Ring schließen.
1. Rd: *In Aubergine 22 Lm und 1 fM in den Ring, in Kirsche 22 Lm und 1 fM in den Ring häkeln, ab * noch 5x wdh. Arbeit beenden.

2. Blütenblattkranz
Mit Nd Nr. 4 in Blütenrosa 6 Lm anschl, mit 1 Km zum Ring schließen.
1. Rd: *In Blütenrosa 22 Lm und 1 fM in den Ring, in Rosé 22 Lm und 1 fM in den Ring häkeln, ab * noch 5x wdh. Arbeit beenden.

3. Blütenblattkranz
Mit Nd Nr. 4 in Aubergine 4 Lm anschl, mit 1 Km zum Ring schließen.
1. Rd: *In Aubergine 22 Lm und 1 fM in den Ring, in Kirsche 22 Lm und 1 fM in den Ring häkeln, ab * noch 2x wdh. Arbeit beenden.
Den 2. Blütenblattkranz auf den 1. legen, dann den 3. darauflegen. Die Blattkränze in der Mitte zusnähen. Die Blüte an der Mützenspitze befestigen.

Troddel für die Jungen-Mütze
TRODDELSTRÄNGE (20x)
Mit Nd Nr. 4 in Azurblau 30 Lm anschl. Faden abschneiden. Fadenanfang und -ende auf ca. 12 mm zurückschneiden. 19 weitere Stränge ebenso anfertigen, und zwar noch 4 in Azurblau, je 5 in Umbrabraun, Wolkenblau und Zartgrün.

STRÄNGE ZUSAMMENFASSEN
Mit Nd Nr. 4 in Zartgrün 1 Lm häkeln, *1 Km in die Mitte des Strangs in Zartgrün, 1 Km in die Mitte des Strangs in Wolkenblau, 1 Km in die Mitte des Strangs in Umbrabraun, 1 Km in die Mitte des Strangs in Azurblau, ab * noch 4x wdh. Faden abschneiden.
Die Verbindung der Stränge aufrollen und festnähen. Troddel zur Hälfte doppelt legen und den „Kopf" mit einem Faden in Zartgrün abbinden. Troddel an der Mützenspitze befestigen.

Mützchen

Bauklötze

• • • • • • • • •

Diese weichen Bauklötze – auf jeder Seite mit einem anderen Muster – sorgen schon beim Häkeln für Freude und bereiten kleinen Babys großen Spaß beim Spielen.

Jeder Würfel besteht aus sechs Häkelquadraten von jeweils ca. 12 cm Größe, die zusammengenäht und mit einem stoffbezogenen Schaumstoffblock gefüllt werden.

Die hier gewählten Farben im Retro-Look sind kräftig und leuchtend. Wenn Sie aber eher babytypische Farben bevorzugen, können Sie auch auf zartere Pastelltöne zurückgreifen, wie sie zum Beispiel bei den Herzgirlanden auf Seite 58 und 59 verwendet wurden.

Häkeln Sie gleich mehrere Würfel, damit sich Ihre Kleinen so richtig austoben können.

Größe
Jeder Bauklotz misst 12 cm x 12 cm x 12 cm

Material
Rowan *RYC Cashsoft DK* in Clementine (Fb 510), Limone (Fb 509), Coelinblau (Fb 508), Blütenrosa (Fb 520), Fuchsia (Fb 511), Gletschereis (Fb 504) und Aubergine (Fb 513), je 50 g
Rowan *RYC Cashsoft Baby DK* in Zartorange (Fb 803) und Puderrosa (Fb 807), je 50 g
Das angegebene Garn reicht für 4 Bauklötze
Häkelnadel Nr. 4
je Bauklotz ein mit Stoff bezogener Schaumstoffwürfel, 12 cm x 12 cm x 12 cm

Maschenprobe
Mit Nd Nr. 4 im entsprechenden Muster:
1 Quadrat/Würfelseite = 12 cm x 12 cm

Abkürzungen
Siehe Seite 117.

Seite A
Mit Nd Nr. 4 in Clementine 4 Lm anschl, mit 1 Km zum Ring schließen.

1. Rd (rechte Seite): 3 Lm, 2 Stb in den Ring, *2 Lm, 3 Stb in den Ring, ab * 3x häkeln, 2 Lm, 1 Km in die 3. Anfangs-Lm. Faden abschneiden.

2. Rd: Mit Limone an einem Lm-Bogen anschlingen, 3 Lm, 2 Stb in denselben Bogen, *1 Lm, 3 Stb, 2 Lm, 3 Stb in den folg Lm-Bogen, ab * 3x häkeln, 1 Lm, 3 Stb in den 1. Bogen, 2 Lm, 1 Km in die 3. Anfangs-Lm. Faden abschneiden.

3. Rd: Mit Coelinblau an einem Eck-Bogen (aus 2 Lm) anschlingen, 3 Lm, 2 Stb in denselben Bogen, *1 Lm, 3 Stb in den folg Bogen, 1 Lm, 3 Stb, 2 Lm, 3 Stb in den folg Eck-Bogen, ab * 3x häkeln, 1 Lm, 3 Stb in den folg Bogen, 1 Lm, 3 Stb in den 1. Eck-Bogen, 2 Lm, 1 Km in die 3. Anfangs-Lm. Faden abschneiden.

4. Rd: Mit Blütenrosa an einem Eck-Bogen anschlingen, 3 Lm, 2 Stb in denselben Bogen, *je 1 Lm und 3 Stb in die folg 2 Bögen, 1 Lm, 3 Stb, 2 Lm, 3 Stb in den folg Eck-Bogen, ab * 3x häkeln, je 1 Lm und 3 Stb in die folg 2 Bögen, 1 Lm, 3 Stb in den 1. Eck-Bogen, 2 Lm, 1 Km in die 3. Anfangs-Lm. Faden abschneiden.

5. Rd: Mit Fuchsia an einem Eck-Bogen anschlingen, 3 Lm, 2 Stb in denselben Bogen, *je 1 Lm und 3 Stb in die folg 3 Bögen, 1 Lm, 3 Stb, 2 Lm, 3 Stb in den folg Eck-Bogen, ab * 3x häkeln, je 1 Lm und 3 Stb in die folg 3 Bögen, 1 Lm, 3 Stb in den 1. Eck-Bogen, 2 Lm, 1 Km in die 3. Anfangs-Lm. Faden abschneiden.

6. Rd: Mit Aubergine an einem Eck-Bogen anschlingen, 1 Lm, 3 fM in denselben Bogen, *[je 1 fM in die folg 3 Stb, 1 fM in den folg Bogen] 4x, je 1 fM in die folg 3 Stb, 6 fM in den folg Eck-Bogen, ab * 3x häkeln, [je 1 fM in die folg 3 Stb, 1 fM in den folg Bogen] 4x, je 1 fM in die folg 3 Stb, 3 fM in den 1. Eck-Bogen, 1 Km in die 1. fM. Faden abschneiden.

Seite B

Mit Nd Nr. 4 in Zartorange 4 Lm anschl, mit 1 Km zum Ring schließen.

1. Rd (rechte Seite): 5 Lm (= 1 Stb + 2 Lm), *3 Stb in den Ring, 2 Lm, ab * 3x häkeln, 2 Stb in den Ring, 1 Km in die 3. Anfangs-Lm.

2. Rd: 1 Km in den 1. Lm-Bogen, 7 Lm (= 1 Stb + 4 Lm), 2 Stb in denselben Bogen, *je 1 Stb in die folg 3 Stb, 2 Stb, 4 Lm und 2 Stb in den folg Bogen, ab * 3x häkeln, je 1 Stb in die folg 3 Stb, 1 Stb in den 1. Bogen, 1 Km in die 3. Anfangs-Lm.

3. Rd: 1 Km in den 1. Lm-Bogen, 7 Lm (= 1 Stb + 4 Lm), 2 Stb in denselben Bogen, *je 1 Stb in die folg 7 Stb, 2 Stb, 4 Lm und 2 Stb in den folg Bogen, ab * 3x häkeln, je 1 Stb in die folg 7 Stb, 1 Stb in den 1. Bogen, 1 Km in die 3. Anfangs-Lm. Faden abschneiden.

4. Rd: Mit Clementine am 1. Lm-Bogen anschlingen, 7 Lm (= 1 Stb + 4 Lm), 2 Stb in denselben Bogen, *je 1 Stb in die folg 11 Stb, 2 Stb, 4 Lm und 2 Stb in den folg Bogen, ab * 3x häkeln, je 1 Stb in die folg 11 Stb, 1 Stb in den 1. Bogen, 1 Km in die 3. Anfangs-Lm.

5. Rd: 1 Km in den 1. Lm-Bogen, 7 Lm (= 1 Stb + 4 Lm), 2 Stb in denselben Bogen, *je 1 Stb in die folg 15 Stb, 2 Stb, 4 Lm und 2 Stb in den folg Bogen, ab * 3x häkeln, je 1 Stb in die folg 15 Stb, 1 Stb in den 1. Bogen,

Bauklötze

1 Km in die 3. Anfangs-Lm. Faden abschneiden.

6. Rd: Mit Aubergine am 1. Lm-Bogen anschlingen, 1 Lm, 3 fM in denselben Bogen, *je 1 fM in die folg 19 Stb, 6 fM in den folg Bogen, ab * 3x häkeln, je 1 fM in die folg 19 Stb, 3 fM in den 1. Bogen, 1 Km in die 1. fM. Faden abschneiden.

Seite C

Mit Nd Nr. 4 in Clementine 27 Lm anschl.

1. R (rechte Seite): 1 fM in die 2. Lm ab Nd, 1 fM in die folg Lm, *3 Lm übergehen, 7 Stb in die folg Lm, 3 Lm übergehen, je 1 fM in die folg 3 Lm, ab * 2x häkeln, 3 Lm übergehen, 4 Stb in die letzte Lm = 2,5 Mustersätze. Mit Zartorange anschlingen.

2. R: In Zartorange, 1 Lm, je 1 fM in die ersten 2 Stb, *3 Lm, 7 zus abgemaschte Stb in die folg 7 M, 3 Lm, je 1 fM in die

folg 3 Stb, ab * 2x häkeln, 3 Lm, 4 zus abgemaschte Stb in die letzten 4 M.

3. R: In Zartorange, 3 Lm (= 1 Stb), 3 Stb in die 1. M, *3 Lm übergehen, je 1 fM in die folg 3 fM, 3 Lm übergehen, 7 Stb in die folg M, ab * 2x häkeln, 3 Lm übergehen, je 1 fM in die letzten 2 fM.

4. R: In Clementine, 3 Lm, die 1. M übergehen, 3 zus abgemaschte Stb in die folg 3 M, *3 Lm, je 1 fM in die folg 3 Stb, 3 Lm, 7 zus abgemaschte Stb in die folg 7 M, ab * 2x häkeln, 3 Lm, je 1 fM in die letzten 2 M.

5. R: In Clementine, 1 Lm, je 1 fM in die ersten 2 fM, *3 Lm übergehen, 7 Stb in die folg M, 3 Lm übergehen, je 1 fM in die folg 3 fM, ab * 2x häkeln, 3 Lm übergehen, 4 Stb in die 3 zus abgemaschten Stb.

6.–9. R: Wie 2.–5. R.

10.–12. R: Wie 2.–4. R. Fäden abschneiden.

Umrandung (rechte Seite):

Mit Aubergine an der 1. fM der 12. R anschlingen, 1 Lm, 2 fM in die 1. fM, 1 fM in die folg fM, 2 fM in den folg Lm-Bogen, *1 fM in die folg M, 3 fM in den folg Bogen, je 1 fM in die

Bauklötze

folg 3 fM, 3 fM in den folg Bogen, ab * 2x häkeln, 3 fM in die 3 zus abgemaschten Stb (= Ecke). Dann 23 fM gleichmäßig verteilt in den linken Rand bis zum Anschlag häkeln, 3 fM in die 1. Lm des Anschlags (= Ecke), *3 fM in den folg Lm-Bogen, je 1 fM in die folg 3 Lm, 3 fM in den folg Bogen, 1 fM in die folg Lm, ab * 2x häkeln, 2 Lm in den folg Bogen, 1 fM in die folg Lm, 3 fM in die folg Lm (= Ecke). Dann 23 fM gleichmäßig verteilt in den rechten Rand häkeln, 1 fM in dieselbe Einstichstelle wie die ersten 2 fM, 1 Km in die 1. fM. Faden abschneiden.

Seite D
Wie Seite B arbeiten, jedoch Gletschereis statt Zartorange und Limone statt Clementine verwenden.

Seite E
Mit Nd Nr. 4 in Fuchsia 26 Lm anschl.
1. R (rechte Seite): 1 Stb in die 4. Lm ab Nd, 1 Stb in jede folg Lm = 24 M. Mit Blütenrosa anschlingen.
2. R: In Blütenrosa, 3 Lm (= 1 Stb), das 1. Stb übergehen, 1 Stb in jedes folg Stb. Mit Puderrosa anschlingen.
3. R: In Puderrosa, 3 Lm (= 1 Stb), das 1. Stb übergehen, 1 Stb in jedes folg Stb. Mit Fuchsia anschlingen.
4. R: In Fuchsia, 3 Lm (= 1 Stb), das 1. Stb übergehen, 1 Stb in jedes folg Stb.
5.–10. R: Wie 2.–4. R, 2x. Fäden abschneiden.
Umrandung (rechte Seite):
Mit Aubergine am 1. Stb der 10. R anschlingen, 1 Lm, 2 fM in das 1. Stb, je 1 fM in die folg 22 Stb, 2 fM in das letzte Stb der 10. R (= Ecke). Dann 24 fM gleichmäßig verteilt in den linken Rand bis zum Anschlag häkeln, 2 fM in die 1. Lm des Anschlags (= Ecke), je 1 fM in die folg 22 Lm des Anschlags, 2 fM in die folg Lm (= Ecke). Dann 24 fM gleichmäßig verteilt in den rechten Rand häkeln, 1 Km in die 1. fM. Faden abschneiden.

Seite F
Mit Nd Nr. 4 in Coelinblau 26 Lm anschl.
1. R (rechte Seite): 1 fM in die 2. Lm ab Nd, *6 Lm, 1 fM in die 2. Lm ab Nd, je 1 hStb, 1 Stb, 1 Dstb, 1 dreif Stb in die folg 4 Lm (= Dreieck), 5 Lm des Anschlags übergehen, 1 fM in die folg Lm, ab * 4x häkeln = 4 Mustersätze/Dreiecke. Wenden.
2. R: Mit Limone an der 1. fM anschlingen, 5 Lm (= 1. dreif Stb), *1 fM in die Spitze des folg Dreiecks der Vor-R, dann je 1 fM, 1 hStb, 1 Stb, 1 Dstb, 1 dreif Stb in die folg 5 Lm des Dreiecks häkeln, die folg fM der Vor-R übergehen, ab * 3x häkeln, 1 fM in die Spitze des letzten Dreiecks der Vor-R, dann je 1 fM, 1 hStb, 1 Stb, 1 Dstb in die folg 4 Lm des Dreiecks, 2 zus abgemaschte dreif Stb in die folg Lm und die letzte fM der Vor-R. Wenden.
3. R: In Limone, 1 Lm, 1 fM in die 2 zus abgemaschten dreif Stb, *1 Dreieck häkeln, 5 M der Vor-R übergehen, 1 fM in das folg dreif Stb, ab * 4x häkeln. Wenden.
Dann in Gletschereis die 2. und 3. R häkeln, in Limone die 2. und 3. R häkeln und in Coelinblau die 2. R häkeln. Fäden abschneiden.
Umrandung (rechte Seite):
Mit Aubergine an einer Ecke anschlingen, 1 Lm, dann an allen Rändern gleichmäßig verteilt 25 fM häkeln, 1 Km in die 1. fM. Faden abschneiden.

Herz

Mit Nd Nr. 4 in Limone 2 Lm anschl.

1. R (rechte Seite): 3 fM in die 2. Lm ab Nd häkeln = 3 M. Jede folg R beginnt mit 1 Wende-Lm, die nicht als M zählt.

2. R: 1 Lm, 2 fM in die 1. fM, 1 fM in die folg fM, 2 fM in die letzte fM = 5 M.

3. R: 1 Lm, 2 fM in die 1. fM, je 1 fM in die folg 3 fM, 2 fM in die letzte fM = 7 M.

4. R: 1 Lm, 1 fM in jede fM.

5. R: 1 Lm, 2 fM in die 1. fM, je 1 fM in die folg 5 fM, 2 fM in die letzte fM = 9 M.

6. R: Wie 4. R.

7. R: 1 Lm, 2 fM in die 1. fM, je 1 fM in die folg 7 fM, 2 fM in die letzte fM = 11 M.

8.–10. R: Wie 4. R.

11. R: 1 Lm, 2 fM zus abmaschen, je 1 fM in die folg 3 fM, die restl 6 M unbehäkelt lassen. Wenden.

12. R: 1 Lm, 2x 2 fM zus abmaschen. Faden abschneiden. Die mittl M der 10. R auslassen, an der folg fM neu anschlingen und wie folgt weiterarbeiten:

11. R: 1 Lm, je 1 fM in die folg 3 fM, 2 fM zus abmaschen.

12. R: 1 Lm, 2x 2 fM zus abmaschen. Faden abschneiden. Das Herz mit Nd Nr. 4 in Fuchsia umranden, dabei liegt die rechte Seite oben. An der unteren Herzspitze anschlingen, 1 Lm, 3 fM in die Herzspitze und weiter fM gleichmäßig um die ganze Herzform häkeln, dabei zwischen den beiden Herzbogen 3 fM zus abmaschen. Mit 1 Km in die 1. fM an der Herzspitze enden.

Das Herz in der Mitte von Seite B aufnähen.

Stern

Mit Nd Nr. 4 in Fuchsia 5 Lm anschl, mit 1 Km zum Ring schließen.

1. Rd (rechte Seite): 1 Lm, 15 fM in den Ring häkeln, 1 Km in die 1. fM.

2. Rd: 1 Lm, 1 fM in die 1. fM, *5 Lm, 1 fM in die 2. Lm ab Nd, je 1 hStb, 1 Stb, 1 Dstb in die folg 3 Lm, 2 fM der 1. Rd übergehen, 1 fM in die folg fM, ab * 5x häkeln, dabei die letzte fM durch 1 Km in die 1. fM ersetzen. Faden abschneiden.

Den Stern in der Mitte von Seite D aufnähen.

Fertigstellung

Alle Seiten von links leicht bügeln, dabei die Pflegehinweise auf der Garnbanderole beachten. Die Seiten A–E mit Aubergine aneinandernähen, so dass ein Würfel entsteht. Den Schaumstoffwürfel einschieben und die Seite F annähen (siehe auch Foto).

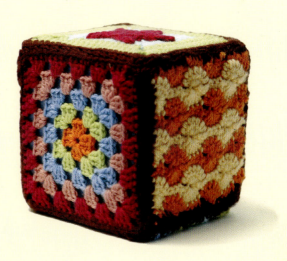

Bauklötze

Deko-Blüten

Diese kleinen rosettenartigen Blüten sind sehr vielseitig einsetzbar und schnell und leicht zu häkeln.

Mehrere Blüten, auf der Rückseite mit einer Wäscheklammer versehen und auf einer Leiste befestigt, können im Kinderzimmer als Hakenleiste verwendet werden – ideal, um Kleider oder die ersten selbstgemalten Bilder aufzuhängen.

Mit einer Anstecknadel ausgestattet sind die Blumen eine originelle Dekoration für Geschenkverpackungen. Auch als Haarschmuck (siehe Seite 27) oder Brosche an einem Jäckchen sehen sie hübsch aus.

Als dekoratives Extra können Sie noch eine kleine schwarzgelbe Biene häkeln und auf eine Blüte setzen, wie im Foto auf Seite 25 gezeigt.

Kleiderhakenleiste mit Blüten

Größe
Die fertige Hakenleiste ist 7,5 cm breit und 45 cm lang

Material
Rowan *RYC Cashcotton 4 ply* in Zitrone (Fb 907) und Aprikot (Fb 905), je 50 g
Rowan *4 ply Cotton* in Bonbonrosa (Fb 133) und Kadmiumrot (Fb 132), je 50 g
Häkelnadel Nr. 3
Holzleiste, 7,5 x 45 cm
3 Wäscheklammern aus Holz
Acrylfarbe
Kraftkleber
feste Pappe

Maschenprobe
Mit Nd Nr. 3: 1 Blüte = 8,5 cm Ø

Abkürzungen
Siehe Seite 117.

Blüte (3x)
Mit Nd Nr. 3 in Zitrone 6 Lm anschl, mit 1 Km zum Ring schließen.
1. Rd (rechte Seite): 1 Lm, 16 fM in den Ring, 1 Km in die 1. fM = 16 M.
2. Rd: 4 Lm (= 1 hStb + 2 Lm), die ersten 2 fM der Vor-Rd übergehen, *1 hStb in die folg fM, 2 Lm, 1 fM übergehen, ab * stets wdh, 1 Km in die 2. Anfangs-Lm.
3. Rd: 1 Km, 1 hStb, 1 Stb, 1 hStb und 1 Km in jeden Lm-Bogen, 1 Km in die 1. Km = 8 Blütenblätter. Faden abschneiden.
4. Rd: Hinter den Blütenblättern der vorherigen Rd weiterarbeiten. Mit Aprikot am Fuß des mittl Stb eines Blütenblatts anschlingen, 1 Lm, 1 fM in den Fuß desselben Stb, 3 Lm, *1 fM in den Fuß des mittl Stb vom folg Blütenblatt, 3 Lm, ab * stets wdh, 1 Km in die 1. fM.
5. Rd: 1 Km, 1 hStb, 3 Stb, 1 hStb und 1 Km in jeden Lm-Bogen, 1 Km in die 1. Km = 8 Blütenblätter. Faden abschneiden.
6. Rd: Hinter den Blütenblättern der vorherigen Rd weiterarbeiten. Mit Bonbonrosa am Fuß des mittl Stb eines Blütenblatts anschlingen, 1 Lm, 1 fM in den Fuß desselben Stb, 4 Lm, *1 fM in den Fuß des mittl Stb vom folg Blütenblatt, 4 Lm, ab * stets wdh, 1 Km in die 1. fM.
7. Rd: 1 Km, 1 hStb, 5 Stb, 1 hStb und 1 Km in jeden Lm-Bogen, 1 Km in die 1. Km = 8 Blütenblätter. Faden abschneiden.
8. Rd: Hinter den Blütenblättern der vorherigen Rd weiterarbeiten. Mit Kadmiumrot am Fuß des mittl Stb eines Blütenblatts anschlingen, 1 Lm, 1 fM in den Fuß desselben Stb, 5 Lm, *1 fM in den Fuß des mittl Stb vom folg Blütenblatt, 5 Lm, ab * stets wdh, 1 Km in die 1. fM.
9. Rd: 1 Km, 1 hStb, 7 Stb, 1 hStb und 1 Km in jeden Lm-Bogen, 1 Km in die 1. Km = 8 Blütenblätter. Faden abschneiden.

Blütenmitte (3x)
Mit Nd Nr. 3 in Kadmiumrot 2 Lm anschl.
1. Rd (rechte Seite): 4 fM in die 2. Lm ab Nd, mit 1 Km in die 1. fM zur Rd schließen = 4 M.
2. Rd: 1 Lm, 2 fM in jede fM, 1 Km in die 1. fM = 8 M.
3. Rd: 1 Lm, 1 fM in jede fM, 1 Km in die 1. fM.
4. Rd: 1 Lm, 4x 2 fM zus abmaschen, 1 Km in die ersten 2 zus abgemaschten fM.
Faden ein Stück hängen lassen.

Fertigstellung
Das Fadenende der Blütenmitten durch die Abmaschglieder der letzten Rd ziehen, fest anziehen. Die Blütenmitten auf die

Blüten nähen. Die Blüten auf die Pappe legen und die Form ausschneiden. Blüten aufkleben. Holzleiste und Klammern mit Acrylfarbe streichen. Trocknen lassen. Die Blüten auf die Klammern kleben. Die Klammern, nach unten zu öffnen, in gleichen Abständen auf die Leiste kleben.

Nach Belieben noch eine Biene anfertigen und auf einer Blüte befestigen (siehe Foto).

Biene

Größe
Die Biene ist ca. 3 cm lang

Material
Coats *Perlgarn 8* in Gelb (Fb 302), Schwarz (Fb 403) und Weiß (Fb 1), je 10 g
Häkelnadel Nr. 1,5
waschbare Füllwatte, Rest

Körper
Mit Nd Nr. 1,5 in Gelb 2 Lm anschl.
1. Rd (rechte Seite): 5 fM in die 2. Lm ab Nd, mit 1 Km in die 1. fM zur Rd schließen = 5 M. Wenden.
Jede folg Rd beginnt mit 1 Wende-Lm, die nicht als M zählt, und endet mit 1 Km in die 1. fM, um die Rd zu schließen. Nach jeder Rd die Arbeit wenden.
2. Rd: 1 Lm, 2 fM in jede fM der Vor-Rd, 1 Km = 10 M.
3. Rd: 1 Lm, 1 fM in jede fM, 1 Km.
4. Rd: Mit Schwarz anschlingen, 1 Lm, *1 fM in die folg fM, 2 fM in die folg fM, ab * 5x häkeln, 1 Km = 15 M.

5. Rd: In Schwarz, 1 Lm, 1 fM in jede fM, 1 Km.
6.+7. Rd: In Gelb, 1 Lm, 1 fM in jede fM, 1 Km.
8.+9. Rd: Wie 5. Rd, 2x.
10.+11. Rd: Wie 6. und 7. Rd.
12. Rd: Wie 5. Rd.
13. Rd: In Schwarz, 1 Lm, *1 fM in die folg fM, 2 fM zus abmaschen, ab * 5x häkeln, 1 Km = 10 M.
Faden abschneiden und in Gelb weiterarbeiten.
14. Rd: Wie 3. Rd.
Den Körper mit etwas Füllwatte ausstopfen.
15. Rd: 1 Lm, 5x 2 fM zus abmaschen, 1 Km = 5 M.
16. Rd: 1 Lm, 1 fM in die ersten 2 zus abgemaschten fM, 2x 2 fM zus abmaschen, 1 Km = 3 M. Arbeit beenden.

Flügel (2x)
Mit Nd Nr. 1,50 in Weiß 3 Lm anschl. Jede R beginnt mit 1 Lm, die nicht als M zählt.
1. R (rechte Seite): 2 fM in die 2. Lm ab Nd, 2 fM in die folg Lm = 4 M.
2. R: 1 Lm, 2 fM in die 1. fM, je 1 fM in die folg 2 fM, 2 fM in die letzte fM = 6 M.
3.+4. R: 1 Lm, 1 fM in jede fM.
5. R: 1 Lm, 2 fM zus abmaschen, je 1 fM in die folg 2 fM, 2 fM zus abmaschen = 4 M.
6. R: 1 Lm, 2x 2 fM zus abmaschen = 2 M.
Faden ein Stück hängen lassen.

Fertigstellung
Für die Augen zwei Knötchenstiche in Schwarz auf den Körper aufsticken (siehe Foto). Die Flügel festnähen. Die Biene laut Foto auf die Blüte nähen.

Haarspange mit Blüte

Größe
Die Blüte hat ca. 3 cm Ø

Material
Coats *Perlgarn 8* in Weiß (Fb 1) und Pink (Fb 50), je 10 g
Häkelnadel Nr. 1,5
8 kleine pinkfarbene Perlen
Haarspange oder Haargummi

Maschenprobe
Mit Nd Nr. 1,5: 1. und 2. Rd = 18 mm Ø

Abkürzungen
Siehe Seite 117.

Anleitung

Mit Weiß beginnen, zunächst die Perlen auf das Garn fädeln. Mit Nd Nr. 1,5 6 Lm anschl, mit 1 Km zum Ring schließen.

1. Rd (linke Seite): 1 Lm (zählt nicht als M), *1 fM in den Ring, 1 Perle an die M schieben, 1 Lm (Perle liegt hinter der Arbeit), ab * noch 7x wdh, 1 Km in die 1. fM = 16 M. Arbeit wenden.

2. Rd (rechte Seite): 4 Lm (= 1 hStb + 2 Lm), die ersten 2 M der Vor-Rd übergehen, *1 hStb in die folg fM, 2 Lm, die folg M übergehen, ab * stets wdh, 1 Km in die 2. Anfangs-Lm.

3. Rd: 1 Km, 1 hStb, 2 Stb, 1 hStb und 1 Km in jeden Lm-Bogen, 1 Km in die 1. Km = 8 Blütenblätter. Faden abschneiden.

4. Rd: Hinter den Blütenblättern der vorherigen Rd weiterarbeiten. Mit Pink an einem hStb der 2. Rd anschlingen, 1 Lm, 1 fM in dasselbe hStb, 2 Lm, *1 fM in das folg hStb der 2. Rd, 2 Lm, ab * stets wdh, 1 Km in die 1. fM.

5. Rd: 1 Km in den 1. Lm-Bogen, 3 Lm, 1 Stb, 1 hStb, 1 Km, 1 hStb und 2 Stb in denselben Lm-Bogen, 2 Stb, 1 hStb, 1 Km, 1 hStb und 2 Stb in jeden folg Lm-Bogen, 1 Km in die 3. Anfangs-Lm = 8 Blütenblätter. Arbeit beenden.

Fertigstellung

Die Blüte auf einer Haarspange oder einem Haargummi befestigen (siehe Foto).

Deko-Blüten

Ringelschlange

Viel Freude beim Häkeln und noch mehr Spaß beim Spielen bereitet die bunt geringelte Schlange.

Auf den ersten Blick mag die Anleitung, beachtet man sämtliche angegebenen Farbfolgen, etwas lang und aufwendig erscheinen. Grundsätzlich ist die Anfertigung jedoch ein Kinderspiel, denn Sie arbeiten nur einen langen Schlauch in verschiedenen Farben. Auch eine schlichtere Variante, uni oder mit wenigen Streifen und nur mit festen Maschen gehäkelt, ist möglich. Sie beginnen am Schwanz und enden am Kopf, die Zunge wird separat gehäkelt und an den Mund genäht.

Später, wenn Ihr Kind älter ist und nicht mehr so gerne mit der Ringelschlange spielt, eignet sie sich hervorragend als Zugluftstopper vor der Tür.

Größe
Die fertige Schlange hat 8 cm Ø und ist 115 cm lang, ohne Zunge

Material
Rowan *RYC Cashsoft DK* in Limone (Fb 509), 100 g, in Coelinblau (Fb 508), Gletschereis (Fb 504), Umbrabraun (Fb 517), Himmelblau (Fb 503), Savanne (Fb 507) und Knallrot (Fb 512), je 50 g
Rowan *RYC Cashsoft Baby DK* in Zartgrün (Fb 804), 50 g
Häkelnadel Nr. 4
waschbare Füllwatte
weißer Filz (für die Augen), Rest
schwarzes Nähgarn
2 kleine schwarze Knöpfe

Maschenprobe
Mit Nd Nr. 4 und fM 18 M und 20 R = 10 cm x 10 cm

Abkürzungen
Siehe Seite 117.

Anleitung
Mit Nd Nr. 4 in Coelinblau 2 Lm anschl.
1. Rd (rechte Seite): 5 fM in die 2. Lm ab Nd, mit 1 Km in die 1. fM zur Rd schließen = 5 M. Wenden.
Jede folgende Rd beginnt mit 1 Wende-Lm, die nicht als M zählt, und endet mit 1 Km in die 1. fM, um die Rd zu schließen. Nach jeder Rd die Arbeit wenden.
2. Rd: 1 Lm, 1 fM in jede fM der Vor-Rd, 1 Km.
3.+4. Rd: Wie 2. Rd.
5. Rd: 1 Lm, 2 fM in jede fM, 1 Km = 10 M.
6.–11. Rd: Wie 2. Rd.
12. Rd: 1 Lm, *1 fM in die folg fM, 2 fM in die folg fM, ab * 5x häkeln, 1 Km = 15 M.
13.–19. Rd: Wie 2. Rd.
20. Rd: 1 Lm, *je 1 fM in die folg 2 fM, 2 fM in die folg fM, ab * 5x häkeln, 1 Km = 20 M.
Im Folgenden, falls erforderlich, mit neuer Farbe anschlingen und die Farben wechseln wie angegeben.
21.–27. Rd: In Limone, 1 Lm, 1 fM in jede fM, 1 Km.
28. Rd: In Limone, 1 Lm, *je 1 fM in die folg 3 fM, 2 fM in die folg fM, ab * 5x häkeln, 1 Km = 25 M.
29. Rd: In Coelinblau, 1 Lm, *1 fM in die folg fM, 1 Lm, 1 fM übergehen, ab * stets wdh, 1 fM in die letzte fM, 1 Km.
30. Rd: In Gletschereis, 1 Lm, *1 fM in die folg fM, 1 fM um den folg Lm-Bogen, ab * stets wdh, 1 fM in die letzte fM, 1 Km.
31. Rd: In Umbrabraun, 1 Lm, *1 fM in die folg fM, 1 Lm, 1 fM übergehen, ab * stets wdh, 1 fM in die letzte fM, 1 Km.
32. Rd: In Himmelblau, 1 Lm, *1 fM in die folg fM, 1 fM um den folg Lm-Bogen, ab * stets wdh, 1 fM in die letzte fM, 1 Km.
33.–35. Rd: In Himmelblau, 1 Lm, 1 fM in jede fM, 1 Km.
36.+37. Rd: In Zartgrün, 1 Lm, 1 fM in jede fM, 1 Km.
38. Rd: In Zartgrün, 1 Lm, *je 1 fM in die folg 4 fM, 2 fM in die folg fM, ab * 5x häkeln, 1 Km = 30 M.
39. Rd: In Limone, 1 Lm, *1 fM in die folg fM, 1 Lm, 1 fM übergehen, ab * stets wdh, 1 Km.

40. Rd: In Zartgrün, 1 Lm, *1 fM in die folg fM, 1 fM um den folg Lm-Bogen, ab * stets wdh, 1 Km.
41. Rd: In Coelinblau, 1 Lm, *1 fM in die folg fM, 1 Lm, 1 fM übergehen, ab * stets wdh, 1 Km.
42. Rd: In Gletschereis, 1 Lm, *1 fM in die folg fM, 1 fM um den folg Lm-Bogen, ab * stets wdh, 1 Km.
43. Rd: In Umbrabraun, 1 Lm, *1 fM in die folg fM, 1 Lm, 1 fM übergehen, ab * stets wdh, 1 Km.
44. Rd: In Limone, 1 Lm, *1 fM in die folg fM, 1 fM um den folg Lm-Bogen, ab * stets wdh, 1 Km.
45. Rd: Wie 43. Rd.
46. Rd: In Savanne, 1 Lm, *1 fM in die folg fM, 1 fM um den folg Lm-Bogen, ab * stets wdh, 1 Km.
47. Rd: In Savanne, 1 Lm, 1 fM in jede fM, 1 Km.
48. Rd: In Savanne, 1 Lm, *je 1 fM in die folg 5 fM, 2 fM in die folg fM, ab * 5x häkeln, 1 Km = 35 M.
49. Rd: In Gletschereis, 1 Lm, *1 fM in die folg fM, 1 Lm, 1 fM übergehen, ab * stets wdh, 1 fM in die letzte fM, 1 Km.
50. Rd: In Savanne, 1 Lm, *1 fM in die folg fM, 1 fM um den folg Lm-Bogen, ab * stets wdh, 1 fM in die letzte fM, 1 Km.
51.–58. Rd: In Limone, 1 Lm, 1 fM in jede fM, 1 Km.
59.–67. Rd: Wie 29.–37. Rd.
Anmerkung: Da es einfacher ist, die Schlange während der Arbeit Stück für Stück mit Füllwatte auszustopfen, als nachher den kompletten Schlauch gleichmäßig zu füllen, wird hier mit dem Ausstopfen des Schwanzteils begonnen und nach und nach jeder weitere Abschnitt gefüllt.
68. Rd: In Zartgrün, 1 Lm, 1 fM in jede fM, 1 Km.
69. Rd: In Limone, 1 Lm, *1 fM in die folg fM, 1 Lm, 1 fM übergehen, ab * stets wdh, 1 fM in die letzte fM, 1 Km.
70. Rd: In Zartgrün, 1 Lm, *1 fM in die folg fM, 1 fM um den folg Lm-Bogen, ab * stets wdh, 1 fM in die letzte fM, 1 Km.
71. Rd: In Coelinblau, 1 Lm, *1 fM in die folg fM, 1 Lm, 1 fM übergehen, ab * stets wdh, 1 fM in die letzte fM, 1 Km.
72. Rd: In Gletschereis, 1 Lm, *1 fM in die folg fM, 1 fM um den folg Lm-Bogen, ab * stets wdh, 1 fM in die letzte fM, 1 Km.
73. Rd: In Umbrabraun, 1 Lm, *1 fM in die folg fM, 1 Lm, 1 fM übergehen, ab * stets wdh, 1 fM in die letzte fM, 1 Km.

Ringelschlange

74. Rd: In Limone, 1 Lm, *1 fM in die folg fM, 1 fM um den folg Lm-Bogen, ab * stets wdh, 1 fM in die letzte fM, 1 Km.
75. Rd: Wie 43. Rd.
76. Rd: In Savanne, 1 Lm, *1 fM in die folg fM, 1 fM um den folg Lm-Bogen, ab * stets wdh, 1 fM in die letzte fM, 1 Km.
77.+78. Rd: In Savanne, 1 Lm, 1 fM in jede fM, 1 Km.
79. Rd: In Gletschereis, 1 Lm, *1 fM in die folg fM, 1 Lm, 1 fM übergehen, ab * stets wdh, 1 fM in die letzte fM, 1 Km.
80. Rd: In Savanne, 1 Lm, *1 fM in die folg fM, 1 fM um den folg Lm-Bogen, ab * stets wdh, 1 fM in die letzte fM, 1 Km.
80.–200. Rd: Wie 51.–80. Rd, 4x.
Streifenfolge beenden und nur in Limone weiterarbeiten.

KOPF
201. Rd: 1 Lm, 2 fM in die folg fM, 1 fM in jede folgende fM, 1 Km = 36 M.
202. Rd: 1 Lm, 1 fM in jede fM, 1 Km.
203. Rd: 1 Lm, *2 fM in die folg fM, je 1 fM in die folg 7 fM, 2 fM in die folg fM, ab * 4x häkeln, 1 Km = 44 M.
204.+205. Rd: Wie 202. Rd.
206. Rd: 1 Lm, je 1 fM in die folg 10 fM, je 2 fM in die folg 2 fM, je 1 fM in die folg 20 fM, je 2 fM in die folg 2 fM, je 1 fM in die restl 10 fM, 1 Km = 48 M.
207. Rd: 1 Lm, 2 fM in die folg fM, je 1 fM in die folg 22 fM, je 2 fM in die folg 2 fM, je 1 fM in die folg 22 fM, 2 fM in die letzte fM, 1 Km = 52 M.
208. Rd: Wie 202. Rd.
209. Rd: 1 Lm, je 1 fM in die folg 12 fM, je 2 fM in die folg 2 fM, je 1 fM in die folg 24 fM, je 2 fM in die folg 2 fM, je 1 fM in die restl 12 fM, 1 Km = 56 M.
210.–212. Rd: Wie 202. Rd.
213. Rd: 1 Lm, je 1 fM in die folg 13 fM, je 2 fM in die folg 2 fM, je 1 fM in die folg 26 fM, je 2 fM in die folg 2 fM, je 1 fM in die restl 13 fM, 1 Km = 60 M.
214.–219. Rd: Wie 202. Rd.

Füllwatte einlegen, so dass die Schlange komplett fest ausgestopft ist.
220. Rd: 1 Lm, je 1 fM in die folg 13 fM, 2x 2 fM zus abmaschen, je 1 fM in die folg 26 fM, 2x 2 fM zus abmaschen, je 1 fM in die restl 13 fM, 1 Km = 56 M.
221. Rd: Wie 202. Rd.
222. Rd: 1 Lm, je 1 fM in die folg 12 fM, 2x 2 fM zus abmaschen, je 1 fM in die folg 24 fM, 2x 2 fM zus abmaschen, je 1 fM in die restl 12 fM, 1 Km = 52 M.
223. Rd: Wie 202. Rd.
224. Rd: 1 Lm, je 1 fM in die folg 11 fM, 2x 2 fM zus abmaschen, je 1 fM in die folg 22 fM, 2x 2 fM zus abmaschen, je 1 fM in die restl 11 fM, 1 Km = 48 M.
225. Rd: 1 Lm, 2 fM zus abmaschen, je 1 fM in die folg 20 fM, 2x 2 fM zus abmaschen, je 1 fM in die folg 20 fM, 2 fM zus abmaschen, 1 Km = 44 M.
226. Rd: 1 Lm, je 1 fM in die folg 9 fM, 2x 2 fM zus abmaschen, je 1 fM in die folg 18 fM, 2x 2 fM zus abmaschen, je 1 fM in die restl 9 fM, 1 Km = 40 M.
227. Rd: 1 Lm, je 1 fM in die folg 8 fM, 2x 2 fM zus abmaschen, je 1 fM in die folg 16 fM, 2x 2 fM zus abmaschen, je 1 fM in die restl 8 fM, 1 Km = 36 M.
228. Rd: 1 Lm, *2 fM zus abmaschen, je 1 fM in die folg 5 fM, 2 fM zus abmaschen, ab * 4x häkeln, 1 Km = 28 M.
Füllwatte in den Kopf einlegen.
229. Rd: 1 Lm, je 1 fM in die folg 5 fM, 2x 2 fM zus abmaschen, je 1 fM in die folg 10 fM, 2x 2 fM zus abmaschen, je 1 fM in die restl 5 fM, 1 Km = 24 M.
230. Rd: 1 Lm, *2 fM zus abmaschen, je 1 fM in die folg 2 fM, 2 fM zus abmaschen, ab * 4x häkeln, 1 Km = 16 M.
Faden abschneiden.

Fertigstellung

ZUNGE

Mit Nd Nr. 4 in Knallrot 10 Lm anschl.
1. R: 1 fM in die 2. Lm ab Nd, je 1 fM in die folg 3 Lm, wenden, 5 Lm, wenden, 1 fM in die 2. Lm ab Nd, je 1 fM in die folg 3 Lm, je 1 fM in die restl 5 Lm. Faden abschneiden.

Die letzte Rd des Kopfes zusnähen, dabei in der Mitte die Zunge zwischenfassen (siehe Foto). Aus dem Filz 2 ovale Formen von je 1,5 cm x 2 cm für die Augen ausschneiden. Die Augen laut Foto auf dem Kopf feststecken, die Knöpfe auflegen und mit schwarzem Nähgarn aufnähen.

Schal und Mütze mit Teddymotiven

Das Set aus Schal mit Taschen und Mütze lässt sich leicht und unkompliziert anfertigen. Nach Belieben können Sie später gehäkelte Teddymotive aufnähen (siehe Foto Seite 37).

Schal und Mütze bestehen aus ganz geraden Teilen mit einfachem Muster, sodass selbst Anfänger mit dieser Häkelarbeit gut zurechtkommen.

Farblich abgestimmte Quasten an den Ecken geben der Mütze eine pfiffige Note. Und mit etwas Fingerspitzengefühl sind auch die Teddymotive schnell gemacht.

Mit oder ohne Teddymotiv – dieses Set ist eine großartige Geschenk-Idee fürs Baby.

Schal mit Teddymotiv

Alter
0–9 (12–18) Monate
Größe
14 (17) cm breit, 81 (90) cm lang

Material
Rowan *Calmer* in Altrosa (Fb 482) oder Taubenblau (Fb 463), 100 g, in Sand (Fb 461) und Natur (Fb 460), je 50 g
Häkelnadel Nr. 5
schwarzes Garn zum Sticken, Rest

Maschenprobe
Mit Nd Nr. 5 im angegebenen Muster 20 M und 20 R = 10 cm x 10 cm

Abkürzungen
Siehe Seite 117.

Schal
Mit Nd Nr. 5 in Altrosa oder Taubenblau 28 (34) Lm anschl.
Basis-R (rechte Seite): 1 fM in die 2. Lm ab Nd, 1 fM in jede folg Lm = 27 (33) M.
In folg Muster weiterarbeiten, dabei beginnt jede R mit 1 Wende-Lm, die nicht als M zählt:
1. R: In Altrosa oder Taubenblau, 1 Lm, 1 fM in jede fM.
2.+3. R: Wie 1. R.
Faden hängen lassen und mit Sand anschlingen.
4. R: In Sand, 1 Lm, 1 fM in die 1. fM, *1 Lm, 1 fM übergehen, 1 fM in die folg fM, ab * stets wdh.
5. R: In Sand, 1 Lm, 1 fM in die 1. fM, *1 fM in die folg Lm, 1 fM in die folg fM, ab * stets wdh.
6. R: Wie 1. R.
Die 1.–6. R stets wdh. Nach ca. 80 (89) cm ab Anschlag die Arbeit nach einer 3. Muster-R beenden.

Tasche (2x)
Mit Nd Nr. 5 in Altrosa oder Taubenblau 28 Lm anschl.
Basis-R (rechte Seite): 1 fM in die 2. Lm ab Nd, 1 fM in jede folg Lm = 27 M.
Im Muster wie beim Schal beschrieben weiterarbeiten.
Die 1.–6. R stets wdh. Nach 28 (34) R ab Anschlag die Arbeit nach einer 3. Muster-R beenden.

Fertigstellung
Alle Teile von links leicht bügeln, dabei die Pflegehinweise auf der Garnbanderole beachten.
Die Taschen (rechte Seite oben) an einer Seitenkante mit Nd Nr. 5 in Natur mit 1 R fM umhäkeln. Die Taschen auf die Schalenden legen, so dass die unbehäkelten Kanten außen bündig liegen und die umhäkelte Kante den Tascheneingriff bildet. Die Taschen festnähen.
Den Schal (rechte Seite oben) mit Nd Nr. 5 in Natur mit 1 Rd fM umhäkeln, dabei an den Taschenkanten die fM durch

beide Lagen arbeiten und an den Ecken jeweils 3 fM in eine Einstichstelle häkeln. Die Rd mit 1 Km in die 1. fM schließen.

Teddy-Kopf (2x)
Mit Nd Nr. 5 in Sand 4 Lm anschl, mit 1 Km zum Ring schließen. Jede folgende Rd beginnt mit 1 Wende-Lm, die nicht als M zählt, und endet mit 1 Km in die 1. fM, um die Rd zu schließen. Nach jeder Rd die Arbeit wenden.
1. Rd (rechte Seite): 1 Lm, 8 fM in den Ring häkeln, 1 Km = 8 M.
2. Rd: 1 Lm, *1 fM in die folg fM, 1 Lm, ab * stets wdh, 1 Km = 16 M.
3. Rd: 1 Lm, *1 fM in die folg Lm, 1 fM in die folg fM, ab * stets wdh, 1 Km.
4.+5. Rd: Wie 2.+3. Rd = 32 M.
6. Rd: 1 Lm, 1 fM in jede fM, 1 Km. Faden abschneiden.

Ohr (4x)
Wie beim Teddy-Kopf beschrieben bis zum Ende der 2. Rd arbeiten. Faden abschneiden und mit Natur anschlingen.
3. Rd: 1 Lm, 1 fM in die 1. Lm, *1 fM in die folg fM, 1 fM in die folg Lm, ab * 6x häkeln. Faden abschneiden.

Schnauze (2x)
In Natur wie beim Teddy-Kopf beschrieben bis zum Ende der 3. Rd arbeiten. Faden abschneiden.
Die Schnauze auf den Kopf nähen, die Ohren am Rand des Kopfes annähen (siehe auch Foto). Mit schwarzem Garn die Nase im Kettenstich und den Mund im Steppstich auf die Schnauze sticken. Die Augen im Kettenstich und die Augenbrauen im Steppstich aufsticken. Einen Margeritenstich in Natur auf jedes Auge sticken. Die Teddy-Köpfe auf die Taschen nähen.

Mütze mit Teddymotiv

Alter
0–3 (6–9/12–18) Monate

Größe
34 (40/46) cm Kopfumfang

Material
Rowan *Calmer* in Altrosa (Fb 482) oder Taubenblau (Fb 463), Sand (Fb 461) und Natur (Fb 460), je 50 g
Häkelnadel Nr. 5
schwarzes Garn zum Sticken, Rest

Maschenprobe
Mit Nd Nr. 5 im angegebenen Muster 20 M und 20 R = 10 cm x 10 cm

Abkürzungen
Siehe Seite 117.

Mütze
Mit Nd Nr. 5 in Altrosa oder Taubenblau 48 (52/56) Lm anschl.
Basis-R (rechte Seite): 1 fM in die 2. Lm ab Nd, 1 fM in jede folg Lm = 47 (52/56) M.
In folg Muster weiterarbeiten, dabei beginnt jede R mit 1 Wende-Lm, die nicht als M zählt:
1. R: In Altrosa oder Taubenblau, 1 Lm, 1 fM in jede fM.
2.+3. R: Wie 1. R.
Faden hängen lassen und mit Sand anschlingen.
4. R: In Sand, 1 Lm, 1 fM in die 1. fM, *1 Lm, 1 fM übergehen, 1 fM in die folg fM, ab * stets wdh.
5. R: In Sand, 1 Lm, 1 fM in die 1. fM, *1 fM in die folg Lm, 1 fM in die folg fM, ab * stets wdh.
6. R: Wie 1. R.
Die 1.–6. R stets wdh. Nach 34 (40/46) R = ca. 17 (20/23) cm ab Anschlag die Arbeit nach einer 3. Muster-R beenden.

Mützenrand

Das Mützenteil quer zur Hälfte falten und die Seitennähte schließen. Mit Nd Nr. 5 in Altrosa oder Taubenblau den unteren Rand umhäkeln, dafür an einer Seitennaht anschlingen. Jede Rd beginnt mit 1 Wende-Lm, die nicht als M zählt, und endet mit 1 Km in die 1. fM, um die Rd zu schließen. Nach jeder Rd die Arbeit wenden.

1. Rd (rechte Seite): 1 Lm, 34 (40/46) fM bis zur folg Seitennaht, 34 (40/46) fM bis zum Rd-Anfang, 1 Km = 68 (80/92) M. Faden hängen lassen und mit Sand anschlingen.

2. Rd: In Sand, 1 Lm, 1 fM in jede fM, 1 Km.

3. Rd: In Altrosa oder Taubenblau, 1 Lm, 1 fM in jede fM, 1 Km.

4. Rd: Wie 2. Rd. Faden abschneiden und mit Natur anschlingen.

5. Rd: In Natur, 1 Lm, 1 fM in jede fM, 1 Km. Die Arbeit beenden.

Fertigstellung

Die Mütze von links leicht bügeln, dabei die Pflegehinweise auf der Garnbanderole beachten.
Einen Teddy-Kopf anfertigen wie beim Schal beschrieben. Teddy-Kopf auf die Vorderseite der Mütze nähen.
2 ca. 6 cm lange Quasten in Natur anfertigen und an die Ecken der Mütze nähen.

Schal und Mütze mit Teddymotiv

Schühchen

• • • • • • • • •

Hier sind sie wieder, die Teddys! Diesmal verzieren sie kleine Baby-Schühchen – ein praktisches und liebevolles Geschenk fürs Neugeborene.

Ob mit oder ohne Teddy, auch für etwas ältere Babys sind die Schühchen ein beliebtes Accessoire. Denn, aus Rowan *Calmer* gehäkelt, geben sie dem Fuß Stabilität bei den ersten Gehversuchen und sind zugleich schön weich und anschmiegsam.

Traditionell in Rosa für ein Mädchen oder in Hellblau für einen Jungen, das ist garantiert eine große Überraschung für jede junge Mutter, vor allem, wenn sie mit einer selbstgemachten Karte (Seite 109) und schön verpackt mit Spitzenbändchen (Seite 110) überreicht werden.

Alter
0–9 (12–18) Monate
Größe
10 (11) cm Fußlänge

Material
Rowan *Calmer* in Altrosa (Fb 482) oder Taubenblau (Fb 463), Sand (Fb 461) und Natur (Fb 460), je 50 g
Häkelnadel Nr. 5
schwarzes Garn zum Sticken, Rest

Maschenprobe
Mit Nd Nr. 5 und fM 20 M und 20 R = 10 cm x 10 cm

Abkürzungen
Siehe Seite 117.

Achtung!
Die Schühchen werden mit fM gehäkelt. Beim Häkeln in Rd beginnt jede Rd mit 1 Wende-Lm, die nicht als M zählt, und endet mit 1 Km in die 1. fM, um die Rd zu schließen. Nach jeder Rd die Arbeit wenden. Beim Häkeln in R beginnt jede R ebenfalls mit 1 Wende-Lm, die nicht als M zählt.

Schühchen (2x)
Mit Nd Nr. 5 in Altrosa oder Taubenblau 24 (28) Lm anschl, mit 1 Km zum Ring schließen. Nach jeder folg Rd bzw. R die Arbeit wenden.

1. Rd (rechte Seite): 1 Lm, 1 fM in jede Lm, 1 Km = 24 (28) M.
2. Rd: 1 Lm, 1 fM in jede fM, 1 Km.
Für den Schaft noch weitere 8 (10) Rd wie die 2. Rd häkeln. Faden hängen lassen.
Für den Spann mit separatem Faden an der 10. (12.) fM anschlingen, 1 Lm, 1 fM in die 10. (12.) fM, je 1 fM in die folg 5 (6) fM. Über diese 6 (7) M noch weitere 9 (10) R fM häkeln.
Folg R: 1 Lm, 2 fM zus abmaschen, je 1 fM in die folg 2 (3) fM, 2 fM zus abmaschen = 4 (5) M.
Folg R: 1 Lm, 2 fM zus abmaschen, 0 (1) fM in die folg 0 (1) fM, 2 fM zus abmaschen = 2 (3) M. Faden abschneiden.
Nun den Faden der letzten Rd des Schafts wieder aufnehmen und 1 Rd wie folgt häkeln: 1 Lm, je 1 fM in die ersten 9 (11) M des Schafts, 12 (13) fM in die Seitenkante des Spanns, je 1 fM in die 2 (3) M der letzten R des Spanns, 12 (13) fM in die andere Seitenkante des Spanns, je 1 fM in die letzten 9 (10) M des Schafts, 1 Km in die 1. fM = 44 (50) M. Noch weitere 5 (7) Rd fM häkeln.
Dann für die Sohle wie folgt weiterarbeiten:
1. Rd: 1 Lm, je 1 fM in die ersten 3 (4) fM, 2 fM zus abmaschen, je 1 fM in die folg 12 (14) fM, 2 fM zus abmaschen, je 1 fM in die folg 6 (7) fM, 2 fM zus abmaschen, je 1 fM in die folg 12 (14) fM, 2 fM zus abmaschen, je 1 fM in die letzten 3 fM, 1 Km = 40 (46) M.
2. Rd: 1 Lm, je 1 fM in die ersten 2 fM, 2 fM zus abmaschen, je 1 fM in die folg 12 (14) fM, 2 fM zus abmaschen, je 1 fM in die folg 4 (5) fM, 2 fM zus abmaschen, je 1 fM in die folg 12 (14) fM, 2 fM zus abmaschen, je 1 fM in die letzten 2 (3) fM, 1 Km = 36 (42) M.

3. Rd: 1 Lm, je 1 fM in die ersten 1 (2) fM, 2 fM zus abmaschen, je 1 fM in die folg 12 (14) fM, 2 fM zus abmaschen, je 1 fM in die folg 2 (3) fM, 2 fM zus abmaschen, je 1 fM in die folg 12 (14) fM, 2 fM zus abmaschen, 1 fM in die letzte fM, 1 Km = 32 (38) M.
4. Rd: 1 Lm, 2 fM zus abmaschen, je 1 fM in die folg 12 (14) fM, 2 fM zus abmaschen, 0 (1) fM in die folg 0 (1) fM, 2 fM zus abmaschen, je 1 fM in die folg 12 (14) fM, 2 fM zus abmaschen, 0 (1) fM in die letzte 0 (1) fM,
1 Km = 28 (34) M.

Fertigstellung
Die letzte Rd der Sohle ab Rd-Anfang zusnähen. Die ersten 4 Rd des Schafts nach außen umschlagen. Die Anschlagkante in Natur mit 1 Rd fM umhäkeln.

TEDDY-KOPF (2x)
Mit Nd Nr. 5 in Sand 3 Lm anschl, mit 1 Km zum Ring schließen. Nach jeder folg Rd die Arbeit wenden.
1. Rd (rechte Seite): 1 Lm, 6 fM in den Ring häkeln,
1 Km = 6 M.
2. Rd: 1 Lm, *1 fM in die folg fM, 1 Lm, ab * stets wdh, 1 Km = 12 M.
3. Rd: 1 Lm, *1 fM in die folg Lm, 1 fM in die folg fM, ab * stets wdh, 1 Km.
4.+5. Rd: Wie 2.+3. Rd = 24 M.
6. Rd: 1 Lm, 1 fM in jede fM, 1 Km. Faden abschneiden.

OHR (4x)
Wie beim Teddy-Kopf beschrieben bis zum Ende der 2. Rd arbeiten. Faden abschneiden und mit Natur anschlingen.
3. Rd: 1 Lm, 1 fM in die 1. Lm, *1 fM in die folg fM, 1 fM in die folg Lm, ab * 4x häkeln, 1 fM in die folg fM. Faden abschneiden.

SCHNAUZE (2x)
In Natur wie beim Teddy-Kopf beschrieben bis zum Ende der 3. Rd arbeiten. Faden abschneiden.
Die Schnauze auf den Kopf nähen, die Ohren am Rand des Kopfes annähen (siehe auch Foto). Mit schwarzem Garn die Nase im Kettenstich und den Mund im Steppstich auf die Schnauze sticken. Die Augen im Kettenstich und die Augenbrauen im Steppstich aufsticken. Einen Margeritenstich in Natur auf jedes Auge sticken. Die Teddy-Köpfe auf die Schühchen nähen.

Teddys für sie und ihn

Welches Kind würde ihn nicht lieben, diesen lustigen kleinen Teddy mit seinem weichen, flexiblen Körper und dem vorwitzigen Gesicht.

Das superweiche Rowan's *Cashsoft* macht ihn zum beliebten Kuscheltier. Statt Rosa oder Blau können Sie natürlich auch die klassischen „Bärenfarben" verwenden.

Die Anfertigung dieses knuffigen Spielgefährten erfordert zwar ein wenig Geduld, da die Körperteile einzeln gehäkelt, gefüllt und anschließend zusammengefügt werden, doch die Mühe lohnt sich bestimmt.

Größe
Der fertige Teddy ist 20 cm hoch (sitzend)

Material
Rowan *RYC Cashsoft Baby DK* in Puderrosa
(Fb 807) oder Wolkenblau (Fb 805), 100 g
Rowan *RYC Cashsoft DK* in Creme (Fb 500) und
Savanne (Fb 507), je 50 g
Häkelnadel Nr. 3
waschbare Füllwatte
eventuell getrocknete Erbsen oder Bohnen
braunes Garn zum Sticken, Rest

Maschenprobe
Mit Nd Nr. 3 und fM 20 M und 22 R
= 10 cm x 10 cm

Abkürzungen
Siehe Seite 117.

Teddys für sie und ihn

Hinweis

Getrocknete Erbsen oder Bohnen können der Füllung zugefügt werden, um dem Teddy etwas mehr Gewicht zu geben. So lässt er sich besser formen und z. B. in stabilere Sitz-Positionen bringen. Ist der Teddy für ein Baby oder sehr kleines Kind vorgesehen, empfiehlt es sich, die Erbsen oder Bohnen in einen Stoffbeutel zu füllen, der sorgfältig zugenäht wird. So wird verhindert, dass die Körner durch die Maschen rutschen und verschluckt werden.

ACHTUNG!

Der Teddy wird mit fM gehäkelt. Beim Häkeln in Rd beginnt jede Rd mit 1 Wende-Lm, die nicht als M zählt, und endet mit 1 Km in die 1. fM, um die Rd zu schließen. Nach jeder Rd die Arbeit wenden. Beim Häkeln in R beginnt jede R ebenfalls mit 1 Wende-Lm, die nicht als M zählt.

Körper und Kopf

Mit Nd Nr. 3 in Puderrosa oder Wolkenblau 11 Lm anschl. Nach jeder folg Rd die Arbeit wenden.

1. Rd (rechte Seite): 2 fM in die 2. Lm ab Nd, je 1 fM in die folg 8 Lm, 4 fM in die letzte Lm. Dann an der Unterseite der Lm-Kette weiterhäkeln: je 1 fM in die folg 8 Lm, 2 fM in die folg Lm, mit 1 Km in die 1. fM zur Rd schließen = 24 M.

2. Rd: 1 Lm, 2 fM in die 1. fM, *je 1 fM in die folg 4 fM, je 2 fM in die folg 2 fM, ab * 3x häkeln, je 1 fM in die folg 4 fM, 2 fM in die letzte fM, 1 Km = 32 M.

3. Rd: 1 Lm, 2 fM in die 1. fM, *je 1 fM in die folg 6 fM, je 2 fM in die folg 2 fM, ab * 3x häkeln, je 1 fM in die folg 6 fM, 2 fM in die letzte fM, 1 Km = 40 M.

4. Rd: 1 Lm, 2 fM in die 1. fM, je 1 fM in die folg 18 fM, je 2 fM in die folg 2 fM, je 1 fM in die folg 18 fM, 2 fM in die letzte fM, 1 Km = 44 M.

5. Rd: 1 Lm, 1 fM in jede fM, 1 Km.

6. Rd: 1 Lm, 2 fM in die 1. fM, je 1 fM in die folg 20 fM, je 2 fM in die folg 2 fM, je 1 fM in die folg 20 fM, 2 fM in die letzte fM, 1 Km = 48 M.

7. Rd: In Puderrosa oder Wolkenblau 1 Lm, je 1 fM in die ersten 8 fM, in Creme je 1 fM in die folg 8 fM, in Puderrosa oder Wolkenblau je 1 fM in die letzten 32 fM, 1 Km.

8. Rd: In Puderrosa oder Wolkenblau 1 Lm, je 1 fM in die ersten 31 fM, in Creme je 1 fM in die folg 10 fM, in Puderrosa oder Wolkenblau je 1 fM in die letzten 7 fM, 1 Km.

9. Rd: In Puderrosa oder Wolkenblau 1 Lm, je 1 fM in die ersten 6 fM, in Creme je 1 fM in die folg 12 fM, in Puderrosa oder Wolkenblau je 1 fM in die letzten 30 fM, 1 Km.

10. Rd: In Puderrosa oder Wolkenblau 1 Lm, je 1 fM in die ersten 29 fM, in Creme je 1 fM in die folg 14 fM, in Puderrosa oder Wolkenblau je 1 fM in die letzten 5 fM, 1 Km.

11. Rd: In Puderrosa oder Wolkenblau 1 Lm, je 1 fM in die ersten 5 fM, in Creme je 1 fM in die folg 14 fM, in Puderrosa oder Wolkenblau je 1 fM in die letzten 29 fM, 1 Km.

12.+13. Rd: Wie 10.+11. Rd.

14. Rd: Wie 10. Rd.

15. Rd: In Puderrosa oder Wolkenblau 1 Lm, 2 fM zus abmaschen, je 1 fM in die folg 4 fM, in Creme je 1 fM in die folg 12 fM, in Puderrosa oder Wolkenblau je 1 fM in die folg 4 fM, 2x 2 fM zus abmaschen, je 1 fM in die folg 20 fM, 2 fM zus abmaschen, 1 Km = 44 M.

16. Rd: In Puderrosa oder Wolkenblau 1 Lm, je 1 fM in die ersten 27 fM, in Creme je 1 fM in die folg 12 fM, in Puderrosa oder Wolkenblau je 1 fM in die letzten 5 fM, 1 Km.

17. Rd: In Puderrosa oder Wolkenblau 1 Lm, je 1 fM in die ersten 5 fM, in Creme je 1 fM in die folg 12 fM, in Puderrosa oder Wolkenblau je 1 fM in die letzten 27 fM, 1 Km.

18. Rd: In Puderrosa oder Wolkenblau 1 Lm, 2 fM zus abmaschen, je 1 fM in die folg 18 fM, 2x 2 fM zus abmaschen, je 1 fM in die folg 4 fM, in Creme je 1 fM in die folg 10 fM, in Puderrosa oder Wolkenblau je 1 fM in die folg 4 fM, 2 fM zus abmaschen, 1 Km = 40 M.

19. Rd: In Puderrosa oder Wolkenblau 1 Lm, je 1 fM in die ersten 5 fM, in Creme je 1 fM in die folg 10 fM, in Puderrosa oder Wolkenblau je 1 fM in die letzten 25 fM, 1 Km.

20. Rd: In Puderrosa oder Wolkenblau 1 Lm, 2 fM zus abmaschen, je 1 fM in die folg 16 fM, 2x 2 fM zus abmaschen, je 1 fM in die folg 4 fM, in Creme je 1 fM in die folg 8 fM, in Puderrosa oder Wolkenblau je 1 fM in die folg 4 fM, 2 fM zus abmaschen, 1 Km = 36 M.
21. Rd: In Puderrosa oder Wolkenblau 1 Lm, je 1 fM in die ersten 5 fM, in Creme je 1 fM in die folg 8 fM, in Puderrosa oder Wolkenblau je 1 fM in die letzten 23 fM, 1 Km.
22. Rd: In Puderrosa oder Wolkenblau 1 Lm, 2 fM zus abmaschen, je 1 fM in die folg 14 fM, 2x 2 fM zus abmaschen, je 1 fM in die folg 4 fM, in Creme je 1 fM in die folg 6 fM, in Puderrosa oder Wolkenblau je 1 fM in die folg 4 fM, 2 fM zus abmaschen, 1 Km = 32 M.
23. Rd: In Puderrosa oder Wolkenblau 1 Lm, je 1 fM in die ersten 5 fM, in Creme je 1 fM in die folg 6 fM, in Puderrosa oder Wolkenblau je 1 fM in die letzten 21 fM, 1 Km.
24. Rd: In Puderrosa oder Wolkenblau 1 Lm, 2 fM zus abmaschen, je 1 fM in die folg 12 fM, 2x 2 fM zus abmaschen, je 1 fM in die folg 4 fM, in Creme je 1 fM in die folg 4 fM, in Puderrosa oder Wolkenblau je 1 fM in die folg 4 fM, 2 fM zus abmaschen, 1 Km = 28 M. Creme abschneiden und nur in Puderrosa oder Wolkenblau weiterarbeiten.
25. Rd: Wie 5. Rd.
26. Rd: 1 Lm, 2 fM zus abmaschen, je 1 fM in die folg 10 fM, 2x 2 fM zus abmaschen, je 1 fM in die folg 10 fM, 2 fM zus abmaschen, 1 Km = 24 M.
27. Rd: Wie 5. Rd.
28. Rd: 1 Lm, 2 fM zus abmaschen, je 1 fM in die folg 8 fM, 2x 2 fM zus abmaschen, je 1 fM in die folg 8 fM, 2 fM zus abmaschen, 1 Km = 20 M.
Etwas Füllwatte in den Körper einlegen, eine Hand voll Erbsen oder Bohnen einfüllen und wieder Füllwatte einlegen, so dass der Körper fest ausgestopft ist.

Hals
29. Rd: 1 Lm, *2 fM zus abmaschen, 1 fM in die folg fM, 2 fM zus abmaschen, ab * 4x häkeln, 1 Km = 12 M.
30. Rd: Wie 5. Rd.
31. Rd: 1 Lm, *2 fM in die folg fM, 1 fM in die folg fM, 2 fM in die folg fM, ab * 4x häkeln, 1 Km = 20 M.
Falls erforderlich, etwas Füllwatte in den Hals einlegen.

Kopf
32. Rd: 1 Lm, 2 fM in die 1. fM, je 1 fM in die folg 8 fM, *je 2 fM in die folg 2 fM, je 1 fM in die folg 3 fM, ab * 2x häkeln, 2 fM in die letzte fM, 1 Km = 26 M.
33. Rd: 1 Lm, 2 fM in die 1. fM, *je 1 fM in die folg 5 fM, je 2 fM in die folg 2 fM, ab * 2x häkeln, je 1 fM in die folg 10 fM, 2 fM in die letzte fM, 1 Km = 32 M.
34. Rd: Wie 5. Rd.
35. Rd: 1 Lm, 2 fM in die 1. fM, *je 1 fM in die folg 7 fM, je 2 fM in die folg 2 fM, ab * 2x häkeln, je 1 fM in die folg 12 fM, 2 fM in die letzte fM, 1 Km = 38 M.
36.–43. Rd: Wie 5. Rd.
44. Rd: 1 Lm, 2 fM zus abmaschen, je 1 fM in die folg 12 fM, 2x 2 fM zus abmaschen, je 1 fM in die folg 18 fM, 2 fM zus abmaschen, 1 Km = 34 M.
45. Rd: 1 Lm, je 1 fM in die ersten 8 fM, 2x 2 fM zus abmaschen, je 1 fM in die letzten 22 fM, 1 Km = 32 M.
46. Rd: 1 Lm, 2 fM zus abmaschen, je 1 fM in die folg 10 fM, 2x 2 fM zus abmaschen, je 1 fM in die folg 14 fM, 2 fM zus abmaschen, 1 Km = 28 M.
47. Rd: 1 Lm, 2 fM zus abmaschen, je 1 fM in die folg 4 fM, 2x 2 fM zus abmaschen, je 1 fM in die folg 4 fM, 2x 2 fM zus abmaschen, je 1 fM in die folg 8 fM, 2 fM zus abmaschen, 1 Km = 22 M.
48. Rd: 1 Lm, 2 fM zus abmaschen, je 1 fM in die folg 6 fM, 2x 2 fM zus abmaschen, je 1 fM in die folg 2 fM, 2x 2 fM zus abmaschen, je 1 fM in die folg 2 fM, 2 fM zus abmaschen, 1 Km = 16 M. Den Kopf fest mit Füllwatte ausstopfen.

49. Rd: 1 Lm, 8x 2 fM zus abmaschen, 1 Km = 8 M.
50. Rd: 1 Lm, 4x 2 fM zus abmaschen, 1 Km = 4 M.
Faden ein Stück hängen lassen. Eventuell noch etwas Füllwatte nachlegen. Das Fadenende durch die M der letzten Rd ziehen, fest anziehen und vernähen.

Schnauze
Mit Nd Nr. 3 in Creme 2 Lm anschl. Nach jeder folg Rd die Arbeit wenden.
1. Rd (rechte Seite): 6 fM in die 2. Lm ab Nd häkeln, mit 1 Km in die 1. fM zur Rd schließen = 6 M.
2. Rd: 1 Lm, 2 fM in die 1. fM, 1 fM in die folg fM, je 2 fM in die folg 2 fM, 1 fM in die folg fM, 2 fM in die letzte fM, 1 Km = 10 M.
3. Rd: 1 Lm, 1 fM in jede fM, 1 Km.
4. Rd: 1 Lm, 1 fM in die 1. fM, 2 fM in die folg fM, 3 fM in die folg fM, 2 fM in die folg fM, je 1 fM in die folg 2 fM, 2 fM in die folg fM, 3 fM in die folg fM, 2 fM in die folg fM, 1 fM in die letzte fM, 1 Km = 18 M.
5. Rd: Wie 3. Rd.
6. Rd: 1 Lm, je 1 fM in die ersten 2 fM, 2 fM in die folg fM, je 1 fM in die folg 3 fM, 2 fM in die folg fM, je 1 fM in die folg 4 fM, 2 fM in die folg fM, je 1 fM in die folg 3 fM, 2 fM in die folg fM, je 1 fM in die letzten 2 fM, 1 Km = 22 M.
7. Rd: Wie 3. Rd.
8. Rd: 1 Lm, *je 1 fM in die folg 3 fM, 2 fM in die folg fM, ab * 2x häkeln, je 1 fM in die folg 6 fM, *2 fM in die folg fM, je 1 fM in die folg 3 fM, ab * 2x häkeln, 1 Km = 26 M.
9. Rd: Wie 3. Rd.
10. Rd: 1 Lm, je 1 fM in die ersten 5 fM, 2 fM in die folg fM, 1 fM in die folg fM, 2 fM in die folg fM, je 1 fM in die folg 10 fM, 2 fM in die folg fM, 1 fM in die folg fM, 2 fM in die folg fM, je 1 fM in die letzten 5 fM, 1 Km = 30 M.
11.–14. Rd: Wie 3. Rd.
Faden zum Annähen ein Stück hängen lassen. Füllwatte in die Schnauze einlegen. Die letzte Rd der Schnauze vorne auf den Kopf nähen, dabei unter dem Kinn beginnen und enden (siehe auch Foto).

Arm (2x)
Mit Nd Nr. 3 in Creme 3 Lm anschl. Nach jeder folg Rd die Arbeit wenden.
1. Rd (rechte Seite): 2 fM in die 2. Lm ab Nd, 4 fM in die letzte Lm. Dann an der Unterseite der Lm-Kette 2 fM in die folg Lm häkeln, mit 1 Km in die 1. fM zur Rd schließen = 8 M.
2. Rd: 1 Lm, 2 fM in die 1. fM, je 1 fM in die folg 2 fM, je 2 fM in die folg 2 fM, je 1 fM in die folg 2 fM, 2 fM in die letzte fM, 1 Km = 12 M.
3. Rd: 1 Lm, 1 fM in die 1. fM, *2 fM in die folg fM, je 1 fM in die folg 3 fM, ab * 3x häkeln, 2 fM in die folg fM, 1 fM in die letzte fM, 1 Km = 16 M. Faden abschneiden und in Puderrosa oder Wolkenblau anschlingen.
4. Rd: 1 Lm, 1 fM in die 1. fM, 2 fM in die folg fM, je 1 fM in die folg 4 fM, 2 fM in die folg fM, je 1 fM in die folg 2 fM, 2 fM in die folg fM, je 1 fM in die folg 4 fM, 2 fM in die folg fM, 1 fM in die letzte fM, 1 Km = 20 M.
5. Rd: 1 Lm, 1 fM in jede fM, 1 Km.
6. Rd: Wie 5. Rd.
7. Rd: 1 Lm, 2 fM in die 1. fM, je 1 fM in die folg 5 fM, 4x 2 fM zus abmaschen, je 1 fM in die folg 5 fM, 2 fM in die letzte fM, 1 Km = 18 M.
8. Rd: 1 Lm, 2 fM in die 1. fM, je 1 fM in die folg 6 fM, 2x 2 fM zus abmaschen, je 1 fM in die folg 6 fM, 2 fM in die letzte fM, 1 Km = 18 M.
9.–15. Rd: Wie 8. Rd.
Nun in R weiterarbeiten.
16. R: 1 Lm, 2 fM zus abmaschen, je 1 fM in die folg 5 fM, 2x 2 fM zus abmaschen, je 1 fM in die folg 5 fM, 2 fM zus abmaschen = 14 M.
17. R: 1 Lm, 2 fM zus abmaschen, je 1 fM in die folg 3 fM, 2x 2 fM zus abmaschen, je 1 fM in die folg 3 fM, 2 fM zus abmaschen = 10 M.

18. R: 1 Lm, 2 fM zus abmaschen, 1 fM in die folg fM, 2x 2 fM zus abmaschen, 1 fM in die folg fM, 2 fM zus abmaschen = 6 M.
19. R: 1 Lm, 2 fM zus abmaschen, je 1 fM in die folg 2 fM, 2 fM zus abmaschen = 4 M.
20. R: 1 Lm, 2x 2 fM zus abmaschen = 2 M.
Faden zum Annähen ein Stück hängen lassen. Etwas Füllwatte in den Handbereich einlegen, einige Erbsen oder Bohnen einfüllen, so dass die Hand fest ausgestopft ist. Dann den Arm leicht mit Füllwatte ausstopfen. Die Öffnung oben am Arm zunähen und den Arm seitlich an den Körper nähen.

Bein (2x)
Mit Nd Nr. 3 in Creme 5 Lm anschl. Nach jeder folg Rd die Arbeit wenden.
1. Rd (rechte Seite): 1 fM in die 2. Lm ab Nd, je 1 fM in die folg 2 Lm, 2 fM in die letzte Lm. Dann an der Unterseite der Lm-Kette weiterhäkeln: je 1 fM in die folg 2 Lm, 1 fM in die folg Lm, mit 1 Km in die 1. fM zur Rd schließen = 8 M.
2. Rd: 1 Lm, 2 fM in die 1. fM, je 1 fM in die folg 2 fM, je 2 fM in die folg 2 fM, je 1 fM in die folg 2 fM, 2 fM in die letzte fM, 1 Km = 12 M.
3. Rd: 1 Lm, je 2 fM in die ersten 2 fM, je 1 fM in die folg 2 fM, je 2 fM in die folg 4 fM, je 1 fM in die folg 2 fM, je 2 fM in die letzten 2 fM, 1 Km = 20 M.
4. Rd: 1 Lm, 2 fM in die 1. fM, 1 fM in die folg fM, 2 fM in die folg fM, je 1 fM in die folg 4 fM, 2 fM in die folg fM, 1 fM in die folg fM, je 2 fM in die folg 2 fM, 1 fM in die folg fM, 2 fM in die folg fM, je 1 fM in die folg 4 fM, 2 fM in die folg fM, 1 fM in die folg fM, 2 fM in die letzte fM, 1 Km = 28 M.
5. Rd: 1 Lm, je 1 fM in die ersten 12 fM, 2 fM in die folg fM, je 1 fM in die folg 2 fM, 2 fM in die folg fM, je 1 fM in die letzten 12 fM, 1 Km = 30 M. Faden abschneiden und in Puderrosa oder Wolkenblau anschlingen.
6. Rd: 1 Lm, 1 fM in jede fM, 1 Km.
7. Rd: Wie 6. Rd.

8. Rd: 1 Lm, je 1 fM in die ersten 13 fM, 2x 2 fM zus abmaschen, je 1 fM in die letzten 13 fM, 1 Km = 28 M.
9. Rd: 1 Lm, 2 fM in die 1. fM, je 1 fM in die folg 9 fM, 4x 2 fM zus abmaschen, je 1 fM in die folg 9 fM, 2 fM in die letzte fM, 1 Km = 26 M.
10. Rd: 1 Lm, je 1 fM in die ersten 9 fM, 4x 2 fM zus abmaschen, je 1 fM in die letzten 9 fM, 1 Km = 22 M.
11. Rd: 1 Lm, je 1 fM in die ersten 7 fM, 4x 2 fM zus

abmaschen, je 1 fM in die letzten 7 fM, 1 Km = 18 M.
12. Rd: 1 Lm, je 1 fM in die ersten 7 fM, 2x 2 fM zus abmaschen, je 1 fM in die letzten 7 fM, 1 Km = 16 M.
13. Rd: Wie 6. Rd.
14. Rd: 1 Lm, 2 fM in die 1. fM, je 1 fM in die folg 5 fM, 2x 2 fM zus abmaschen, je 1 fM in die folg 5 fM, 2 fM in die letzte fM, 1 Km = 16 M.
15.+16. Rd: Wie 6. Rd.
17. Rd: Wie 14. Rd.
18. Rd: Wie 6. Rd.
19. Rd: 1 Lm, 2 fM in die 1. fM, je 1 fM in die folg 14 fM, 2 fM in die letzte fM, 1 Km = 18 M.
20. Rd: 1 Lm, je 1 fM in die ersten 7 fM, 2x 2 fM zus abmaschen, je 1 fM in die letzten 7 fM, 1 Km = 16 M.
21. Rd: Wie 19. Rd.
22. Rd: Wie 6. Rd.
Nun in R weiterarbeiten.
23. R: 1 Lm, je 1 fM in die ersten 7 fM, 2x 2 fM zus abmaschen, je 1 fM in die letzten 7 fM = 16 M.
24. R: 1 Lm, 2 fM zus abmaschen, je 1 fM in die folg 12 fM, 2 fM zus abmaschen = 14 M.
25. R: 1 Lm, je 1 fM in die ersten 5 fM, 2x 2 fM zus abmaschen, je 1 fM in die letzten 5 fM = 12 M.
26. R: 1 Lm, 2 fM zus abmaschen, je 1 fM in die folg 8 fM, 2 fM zus abmaschen = 10 M.
27. R: 1 Lm, je 1 fM in die ersten 3 fM, 2x 2 fM zus abmaschen, je 1 fM in die letzten 3 fM = 8 M.
28. R: 1 Lm, 4x 2 fM zus abmaschen = 4 M.
29. R: 1 Lm, 2x 2 fM zus abmaschen = 2 M.
Faden zum Annähen ein Stück hängen lassen. Etwas Füllwatte in den Fuß einlegen, einige Erbsen oder Bohnen einfüllen, so dass der Fuß fest ausgestopft ist. Dann das Bein leicht mit Füllwatte ausstopfen. Die Öffnung oben am Bein zunähen und das Bein unten seitlich an den Körper nähen.

Fertigstellung

OHR (2x)

Mit Nd Nr. 3 in Puderrosa oder Wolkenblau 4 Lm anschl. Nach jeder folg Rd die Arbeit wenden.

1. Rd (rechte Seite): 1 fM in die 2. Lm ab Nd, 1 fM in die folg Lm, 2 fM in die letzte Lm. Dann an der Unterseite der Lm-Kette je 1 fM in die folg 2 Lm häkeln, mit 1 Km in die 1. fM zur Rd schließen = 6 M.
2. Rd: 1 Lm, 2 fM in die 1. fM, 1 fM in die folg fM, je 2 fM in die folg 2 fM, 1 fM in die folg fM, 2 fM in die letzte fM, 1 Km = 10 M.
3. Rd: In Puderrosa oder Wolkenblau 1 Lm, 2 fM in die 1. fM, 1 fM in die folg fM, in Savanne 1 fM in die folg fM, in Puderrosa oder Wolkenblau 1 fM in die folg fM, je 2 fM in die folg 2 fM, je 1 fM in die folg 3 fM, 2 fM in die letzte fM, 1 Km = 14 M.
4. Rd: In Puderrosa oder Wolkenblau 1 Lm, je 1 fM in die ersten 9 fM, in Savanne je 1 fM in die folg 3 fM, in Puderrosa oder Wolkenblau je 1 fM in die letzten 2 fM, 1 Km.
5. Rd: In Puderrosa oder Wolkenblau 1 Lm, je 1 fM in die ersten 2 fM, in Savanne je 1 fM in die folg 3 fM, in Puderrosa oder Wolkenblau je 1 fM in die letzten 9 fM, 1 Km.
6. Rd: Wie 4. Rd.
Savanne abschneiden. Puderrosa oder Wolkenblau zum Annähen ein Stück hängen lassen. Das Ohr flachlegen, so dass die savannefarbene Fläche in der Mitte einer Seite liegt, und seitlich an den Kopf nähen.

Nase

Mit Nd Nr. 3 in Savanne 2 Lm anschl. Nach jeder folg Rd die Arbeit wenden.

1. Rd (rechte Seite): 4 fM in die 2. Lm ab Nd, mit 1 Km in die 1. fM zur Rd schließen = 4 M.
2. Rd: 1 Lm, 2 fM in jede fM, 1 Km = 8 M.
3. Rd: 1 Lm, 1 fM in jede fM, 1 Km.
4. Rd: Wie 3. Rd.

Faden ein Stück hängen lassen. Einen Rest Füllwatte in die Nase einlegen. Die Nase auf die Schnauze nähen.

Fusssohle (2x)

Mit Nd Nr. 3 in Savanne 2 Lm anschl.

1. Rd (rechte Seite): 5 fM in die 2. Lm ab Nd, mit 1 Km in die 1. fM zur Rd schließen = 5 M.
2. Rd: 1 Lm, 2 fM in jede fM, 1 Km = 10 M.
3. Rd: 1 Lm, *1 fM in die folg fM, 2 fM in die folg fM, ab * 5x häkeln, 1 Km = 15 M.

Faden ein Stück hängen lassen.

Zehe (6x)

Wie die Fußsohle bis zum Ende der 1. Rd arbeiten.
Unter jeden Fuß eine Fußsohle und 3 Zehen nähen.

Schwanz

Mit Nd Nr. 3 in Puderrosa oder Wolkenblau 2 Lm anschl. Nach jeder folg Rd die Arbeit wenden.

1. Rd (rechte Seite): 4 fM in die 2. Lm ab Nd, mit 1 Km in die 1. fM zur Rd schließen = 4 M.
2. Rd: 1 Lm, 2 fM in jede fM, 1 Km = 8 M.
3. Rd: 1 Lm, 2 fM in die 1. fM, je 1 fM in die folg 2 fM, je 2 fM in die folg 2 fM, je 1 fM in die folg 2 fM, 2 fM in die letzte fM, 1 Km = 12 M.
4. Rd: 1 Lm, 1 fM in jede fM, 1 Km.
5.–7. Rd: Wie 4. Rd.

Faden ein Stück hängen lassen. Den Schwanz flachlegen und das obere Ende hinten am Körper festnähen. Laut Foto mit braunem Garn Augen und Mund auf das Gesicht und Krallen auf die Tatzen sticken.

Körbchen

· · · · · · · · ·

Häkeln ist eine ideale Technik zur Anfertigung von Behältern wie diesen Körbchen, da sich ein festeres, stabileres Maschenbild ergibt als beispielsweise beim Stricken. Außerdem lässt Häkeln eine interessante Mustergestaltung zu und bleibt dabei eine leicht zu meisternde Handarbeit.

Die Körbchen in drei verschiedenen Größen sind sehr praktisch zum Aufbewahren von allerlei Krimskrams, Stiften, kleinen Spielsachen, Wattekugeln und vielem mehr. Kräftige, leuchtende Farben machen sie zum Blickfang in jedem Kinderzimmer. Zartere Pastelltöne für romantische Mädchen sind natürlich ebenso möglich.

Mit festen Maschen im Zackenmuster – aus Rowan Baumwollgarnen *Denim* und *Handknit Cotton* – rundgehäkelt, sind diese Modelle ideal für versierte Häklerinnen.

Größe
Die fertigen Körbchen haben 10, 15 oder 20 cm Ø am oberen Rand und sind 15, 20 oder 25 cm hoch

Material
GROSSES KÖRBCHEN
Rowan *Denim* in Preußischblau (Fb 225), 150 g und Denimblau (Fb 231), 50 g
Rowan *Handknit Cotton* in Türkisgrün (Fb 318) und Grüngelb (Fb 219), je 50 g
MITTLERES KÖRBCHEN
Rowan *Denim* in Preußischblau (Fb 225), 100 g und Denimblau (Fb 231), 50 g
Rowan *Handknit Cotton* in Grüngelb (Fb 219) und Flammenrot (Fb 254), je 50 g
KLEINES KÖRBCHEN
Rowan *Denim* in Preußischblau (Fb 225) und Denimblau (Fb 231), je 50 g
Rowan *Handknit Cotton* in Türkisgrün (Fb 318) und Dunkelpink (Fb 313), je 50 g
HINWEIS
Je 50 g Handknit Cotton in Denimblau, Türkisgrün und Grüngelb reichen für alle 3 Körbchen
Häkelnadel Nr. 4

Maschenprobe
Mit Nd Nr. 4 und fM 17 M und 20 R = 10 cm x 10 cm

ACHTUNG!
Die Qualität Denim läuft beim 1. Waschen ein und kann leicht verblassen. Die Körbchen sind für Dekozwecke gedacht und werden kleiner, falls sie gewaschen werden.

Abkürzungen
Siehe Seite 117.

Großes Körbchen

Mit Nd Nr. 4 in Preußischblau 2 Lm anschl.
1. Rd (rechte Seite): 6 fM in die 2. Lm ab Nd häkeln, mit 1 Km in die 1. fM zur Rd schließen = 6 M. Wenden.
Jede folg Rd beginnt, wenn nicht anders angegeben, mit 1 Wende-Lm, die nicht als M zählt, und endet mit 1 Km in die 1. fM, um die Rd zu schließen. Nach jeder Rd die Arbeit wenden.
2. Rd: 1 Lm, 2 fM in jede fM der Vor-Rd, 1 Km = 12 M.
3. Rd: 1 Lm, *1 fM in die folg fM, 2 fM in die folg fM, ab * 6x häkeln, 1 Km = 18 M.
4. Rd: 1 Lm, *je 1 fM in die folg 2 fM, 2 fM in die folg fM, ab * 6x häkeln, 1 Km = 24 M.
5. Rd: 1 Lm, *je 1 fM in die folg 3 fM, 2 fM in die folg fM, ab * 6x häkeln, 1 Km = 30 M.
6. Rd: 1 Lm, *je 1 fM in die folg 4 fM, 2 fM in die folg fM, ab * 6x häkeln, 1 Km = 36 M.
7. Rd: 1 Lm, *je 1 fM in die folg 5 fM, 2 fM in die folg fM, ab * 6x häkeln, 1 Km = 42 M.
8. Rd: 1 Lm, *je 1 fM in die folg 6 fM, 2 fM in die folg fM, ab * 6x häkeln, 1 Km = 48 M.
9. Rd: 1 Lm, *je 1 fM in die folg 7 fM, 2 fM in die folg fM, ab * 6x häkeln, 1 Km = 54 M.
10. Rd: 1 Lm, *je 1 fM in die folg 8 fM, 2 fM in die folg fM, ab * 6x häkeln, 1 Km = 60 M.
11. Rd: 1 Lm, *je 1 fM in die folg 9 fM, 2 fM in die folg fM, ab * 6x häkeln, 1 Km = 66 M.
12. Rd: 1 Lm, *je 1 fM in die folg 10 fM, 2 fM in die folg fM, ab * 6x häkeln, 1 Km = 72 M.
13. Rd: 1 Lm, *je 1 fM in die folg 11 fM, 2 fM in die folg fM, ab * 6x häkeln, 1 Km = 78 M.
14. Rd: 1 Lm, *je 1 fM in die folg 12 fM, 2 fM in die folg fM, ab * 6x häkeln, 1 Km = 84 M.

15. Rd: 1 Lm, *je 1 fM in die folg 13 fM, 2 fM in die folg fM, ab * 6x häkeln, 1 Km = 90 M.
16. Rd: 1 Lm, 1 fM in jede fM, 1 Km.
Für die **Körbchenwand** wie folgt weiterarbeiten:
1. Rd (rechte Seite): 4 Lm (= 1. Dstb), die 1. fM übergehen, *je 1 Stb, 1 hStb, 1 fM, 1 hStb, 1 Stb, 1 Dstb in die folg 6 fM, ab * stets wdh, anstelle des letzten Dstb 1 Km in die 4. Anfangs-Lm häkeln.
2. Rd: 1 Lm, 1 fM in die 1. M, *je 1 fM in die folg 2 M, 1 fM übergehen, je 1 fM in die folg 2 M, 3 fM in das folg Dstb, ab * stets wdh, anstelle der letzten 3 fM 2 fM in die 1. M häkeln, 1 Km = 15 Mustersätze.
3. Rd: 1 Lm, 1 fM in die 1. fM, *je 1 fM in die folg 2 fM, 2 fM übergehen, je 1 fM in die folg 2 fM, 3 fM in die folg fM, ab * stets wdh, anstelle der letzten 3 fM 2 fM in die 1. fM häkeln, 1 Km.
4.–13. Rd: Wie 3. Rd.
14. Rd: 1 Lm, 2 fM in die 1. fM, *je 1 fM in die folg 2 fM, 2 fM übergehen, je 1 fM in die folg 2 fM, 5 fM in die folg fM, ab * stets wdh, anstelle der letzten 5 fM 3 fM in die 1. fM häkeln, 1 Km.
15. Rd: 1 Lm, 1 fM in die 1. fM, *je 1 fM in die folg 3 fM, 2 fM übergehen, je 1 fM in die folg 3 fM, 3 fM in die folg fM, ab * stets wdh, anstelle der letzten 3 fM 2 fM in die 1. fM häkeln, 1 Km.
16.–23. Rd: Wie 15. Rd. Faden hängen lassen und mit Denimblau anschlingen.
24.+25. Rd: In Denimblau wie 15. Rd.
26. Rd: In Preußischblau, 1 Lm, 2 fM in die 1. fM, *je 1 fM in die folg 3 fM, 2 fM übergehen, je 1 fM in die folg 3 fM, 5 fM in die folg fM, ab * stets wdh, anstelle der letzten 5 fM 3 fM in die 1. fM häkeln, 1 Km.
27. Rd: In Preußischblau, 1 Lm, 1 fM in die 1. fM, *je 1 fM in die folg 4 fM, 2 fM übergehen, je 1 fM in die folg 4 fM, 3 fM in die folg fM, ab * stets wdh, anstelle der letzten 3 fM 2 fM in die 1. fM häkeln, 1 Km.

Die 27. Rd stets wdh, dabei je 2 Rd in Denimblau, Preußischblau, Türkisgrün, Preußischblau und Grüngelb häkeln. Nach der 37. Rd die Arbeit beenden.

Mittleres Körbchen

Wie beim großen Körbchen beschrieben bis zum Ende der 11. Rd arbeiten = 66 M.
12. Rd: 1 Lm, 1 fM in jede fM, 1 Km.
Für die **Körbchenwand** die 1.–3. Rd wie beim großen Körbchen arbeiten (= 11 Mustersätze nach der 2. Rd).
4.–11. Rd: Wie 3. Rd.
12. Rd: 1 Lm, 2 fM in die 1. fM, *je 1 fM in die folg 2 fM, 2 fM übergehen, je 1 fM in die folg 2 fM, 5 fM in die folg fM, ab * stets wdh, anstelle der letzten 5 fM 3 fM in die 1. fM häkeln, 1 Km.
13. Rd: 1 Lm, 1 fM in die 1. fM, *je 1 fM in die folg 3 fM, 2 fM übergehen, je 1 fM in die folg 3 fM, 3 fM in die folg fM, ab * stets wdh, anstelle der letzten 3 fM 2 fM in die 1. fM häkeln, 1 Km.
14.–17. Rd: Wie 13. Rd. Faden hängen lassen und mit Denimblau anschlingen.
18.+19. Rd: In Denimblau wie 13. Rd.
20.+21. Rd: In Preußischblau wie 13. Rd.
22. Rd: In Denimblau, 1 Lm, 2 fM in die 1. fM, *je 1 fM in die folg 3 fM, 2 fM übergehen, je 1 fM in die folg 3 fM, 5 fM in die folg fM, ab * stets wdh, anstelle der letzten 5 fM 3 fM in die 1. fM häkeln, 1 Km.
23. Rd: In Denimblau, 1 Lm, 1 fM in die 1. fM, *je 1 fM in die folg 4 fM, 2 fM übergehen, je 1 fM in die folg 4 fM, 3 fM in die folg fM, ab * stets wdh, anstelle der letzten 3 fM 2 fM in die 1. fM häkeln, 1 Km.

Die 23. Rd stets wdh, dabei je 2 Rd in Preußischblau, Grüngelb, Preußischblau und Flammenrot häkeln. Nach der 31. Rd die Arbeit beenden.

Kleines Körbchen

Wie beim großen Körbchen beschrieben bis zum Ende der 7. Rd arbeiten = 42 M.

8. Rd: 1 Lm, 1 fM in jede fM, 1 Km.

Für die **Körbchenwand** die 1.–3. Rd wie beim großen Körbchen arbeiten (= 7 Mustersätze nach der 2. Rd).

4.–9. Rd: Wie 3. Rd.

10. Rd: 1 Lm, 2 fM in die 1. fM, *je 1 fM in die folg 2 fM, 2 fM übergehen, je 1 fM in die folg 2 fM, 5 fM in die folg fM, ab * stets wdh, anstelle der letzten 5 fM 3 fM in die 1. fM häkeln, 1 Km.

11. Rd: 1 Lm, 1 fM in die 1. fM, *je 1 fM in die folg 3 fM, 2 fM übergehen, je 1 fM in die folg 3 fM, 3 fM in die folg fM, ab * stets wdh, anstelle der letzten 3 fM 2 fM in die 1. fM häkeln, 1 Km. Faden hängen lassen und mit Denimblau anschlingen.

12.+13. Rd: In Denimblau wie 11. Rd.

14.+15. Rd: In Preußischblau wie 11. Rd.

16.+17. Rd: In Denimblau wie 11. Rd.

18. Rd: In Preußischblau, 1 Lm, 2 fM in die 1. fM, *je 1 fM in die folg 3 fM, 2 fM übergehen, je 1 fM in die folg 3 fM, 5 fM in die folg fM, ab * stets wdh, anstelle der letzten 5 fM 3 fM in die 1. fM häkeln, 1 Km.

19. Rd: In Preußischblau, 1 Lm, 1 fM in die 1. fM, *je 1 fM in die folg 4 fM, 2 fM übergehen, je 1 fM in die folg 4 fM, 3 fM in die folg fM, ab * stets wdh, anstelle der letzten 3 fM 2 fM in die 1. fM häkeln, 1 Km.

Die 19. Rd stets wdh, dabei je 2 Rd in Türkisgrün, Preußischblau und Dunkelpink häkeln. Nach der 25. Rd die Arbeit beenden.

Fertigstellung

Die Körbchen nicht waschen. Von links leicht bügeln, dabei die Pflegehinweise auf der Garnbanderole beachten.

Herzgirlanden

· · · · · · · · ·

Herzmotive in verschiedenen Größen und Farben, aufgereiht an einem langen Band, sind eine wunderschöne Dekoration fürs Kinderzimmer.

In langer Version ziert die Girlande das Himmelbett kleiner „Prinzessinnen" oder kann bei der Geburtstagsparty im Garten als Deko aufgehängt werden. Eine kurze Version sieht am Kaminsims oder am Regal gut aus. Die Herzen sind schnell gehäkelt. Diese kleine Handarbeit kann Zuhause genauso wie unterwegs als Zeitvertreib genutzt werden, zum Beispiel um Wartezeiten in der Klinik, beim Arzt oder im Kinderhort zu verkürzen. Und wenn es ganz romantisch werden soll, nähen Sie noch fertige Satinröschen und kleine Schleifen auf.

Größe
Die kurze Version ist 1,5 m lang,
die lange Version ist 10 m lang

Material
KURZE VERSION
Rowan *RYC Cashsoft Baby DK* in Puderrosa
(Fb 807) oder Wolkenblau (Fb 805) und Rohweiß (Fb 800),
je 50 g
LANGE VERSION:
Rowan *RYC Cashsoft Baby DK* in Puderrosa (Fb 807),
Wolkenblau (Fb 805), Hellbraun (Fb 808), Zartgrün (Fb 804)
und Rohweiß (Fb 800), je 50 g
Rowan *RYC Cashsoft DK* in Blassrosa (Fb 501) und
Gletschereis (Fb 504), je 50 g
Häkelnadel Nr. 4
blaues oder pinkfarbenes Bändchen, 1 cm breit – 2 m für
die kurze und 10 m für die lange Version
5 Stofffröschen für die kurze Version
Nähgarn

Maschenprobe
Mit Nd Nr. 4 und fM 18 M und 20 R = 10 cm x 10 cm

Abkürzungen
Siehe Seite 117.

Kurze Version

Großes Herz (1x)
Mit Nd Nr. 4 in Puderrosa oder Wolkenblau 2 Lm anschl. Jede folg R beginnt mit 1 Wende-Lm, die nicht als M zählt. Nach jeder R die Arbeit wenden.
1. R (rechte Seite): 3 fM in die 2. Lm ab Nd häkeln = 3 M.
2. R: 1 Lm, 1 fM in jede fM.
3. R: 1 Lm, 2 fM in die 1. fM, 1 fM in die folg fM, 2 fM in die letzte fM = 5 M.
4. R: 1 Lm, 1 fM in jede fM.
5. R: 1 Lm, 2 fM in die 1. fM, 1 fM in jede folg fM, 2 fM in die letzte fM = 7 M.
6.–15. R: Die 4.+5. R 5x häkeln = 17 M.
16.–19. R: Wie 2. R.
20. R: 1 Lm, je 1 fM in die ersten 8 fM, die restl 9 M unbehäkelt lassen.
21. R: 1 Lm, 1 fM in jede folg fM, 2 fM zus abmaschen = 7 M.
22.+23. R: Wie 21. R = 5 M.
24. R: 1 Lm, 2 fM zus abmaschen, 1 fM in die folg fM, 2 fM zus abmaschen = 3 M. Faden abschneiden.
Die mittl M der 19. R auslassen, an der folg fM neu anschlingen und wie folgt weiterarbeiten:
20. R: 1 Lm, je 1 fM in die folg 8 fM.
21. R: 1 Lm, 2 fM zus abmaschen, 1 fM in jede folg fM = 7 M.
22.+23. R: Wie 21. R = 5 M.
24. R: 1 Lm, 2 fM zus abmaschen, 1 fM in die folg fM, 2 fM zus abmaschen = 3 M. Faden abschneiden.
Das Herz mit Nd Nr. 4 in Rohweiß umranden, dabei liegt die rechte Seite oben. An der unteren Herzspitze anschlingen, 1 Lm, 3 fM in die Herzspitze und weiter fM gleichmäßig um die ganze Herzform häkeln. Mit 1 Km in die 1. fM an der Herzspitze zur Rd schließen. Noch eine weitere Rd fM häkeln, dabei 3 fM in die mittl fM an der Herzspitze und 1 fM in jede fM der Vor-Rd häkeln, mit 1 Km in die 1. fM enden.

Mittleres Herz (2x)
Wie beim großen Herz beschrieben bis zum Ende der 5. R arbeiten = 7 M.
6.–11. R: Die 4.+5. R 3x häkeln = 13 M.
12.–15. R: Wie 2. R.
16. R: 1 Lm, 2 fM zus abmaschen, je 1 fM in die folg 4 fM, die restl 7 M unbehäkelt lassen.

17. R: 1 Lm, 2 fM zus abmaschen, je 1 fM in die folg 3 fM = 4 M.
18. R: 1 Lm, 2x 2 fM zus abmaschen = 2 M. Faden abschneiden.
Die mittl M der 15. R auslassen, an der folg fM neu anschlingen und wie folgt weiterarbeiten:
16. R: 1 Lm, je 1 fM in die folg 4 fM, 2 fM zus abmaschen = 5 M.
17. R: 1 Lm, je 1 fM in die ersten 3 fM, 2 fM zus abmaschen = 4 M.
18. R: 1 Lm, 2x 2 fM zus abmaschen = 2 M. Faden abschneiden.
Das Herz wie beim großen Herz beschrieben umranden.

Kleines Herz (2x)
Wie beim großen Herz beschrieben bis zum Ende der 5. R arbeiten = 7 M.
6.+7. R: Wie 4.+5. R = 9 M.
8.–10. R: Wie 2. R.
11. R: 1 Lm, je 1 fM in die ersten 4 fM, die restl 5 M unbehäkelt lassen.
12. R: 1 Lm, 2x 2 fM zus abmaschen = 2 M. Faden abschneiden.
Die mittl M der 10. R auslassen, an der folg fM neu anschlingen und wie folgt weiterarbeiten:
11. R: 1 Lm, je 1 fM in die folg 4 fM.
12. R: 1 Lm, 2x 2 fM zus abmaschen = 2 M. Faden abschneiden.
Das Herz wie beim großen Herz beschrieben umranden.

Herzgirlanden

Fertigstellung

Die Herzen von links leicht bügeln, dabei die Pflegehinweise auf der Garnbanderole beachten.
Für die Schleifen 65 cm vom Bändchen abschneiden. Je 1 Schleife an die Enden des restl Bändchens nähen. Das Bändchen auf die Rückseite der Herzen nähen (siehe auch Foto). 1 kleine Schleife und 1 Stoffröschen auf jedes Herz nähen.

Lange Version

Große Herzen

24 große Herzen wie bei der kurzen Version beschrieben häkeln, je 4 in Puderrosa, Wolkenblau, Hellbraun, Zartgrün, Blassrosa und Gletschereis. Alle Herzen in Rohweiß umranden.

Mittlere Herzen

24 mittlere Herzen wie bei der kurzen Version beschrieben häkeln, je 4 in Puderrosa, Wolkenblau, Hellbraun, Zartgrün, Blassrosa und Gletschereis. Alle Herzen in Rohweiß umranden.

Fertigstellung

Die Herzen von links leicht bügeln, dabei die Pflegehinweise auf der Garnbanderole beachten.
Das Bändchen auf die Rückseite der Herzen nähen – Größe der Herzen abwechselnd, Anordnung der Farben beliebig (siehe auch Foto).

Bunte Katze

Kräftige Farben fallen direkt ins Auge und kleine Kinder fühlen sich magisch angezogen.

Diese kleine Katze ist diesbezüglich keine Ausnahme. Mit kontrastreichen Streifen und einem lustigen großen Kopf erregt sie viel Aufsehen und wird zum Spielen und Knuddeln gleich ins Herz geschlossen.

Die Rowan Garne *Cotton Glacé* und *RYC Cashcotton* wie auch die Füllung sind waschmaschinenfest – so hält die Katze garantiert jeder Situation stand und ist sehr strapazierfähig.

Größe
Die fertige Katze ist 22 cm lang (von der Nase bis zur Schwanzspitze)

Material
Rowan *Cotton Glacé* in Titanweiß (Fb 726), Türkisblau (Fb 809), Pink (Fb 819), Herzrot (Fb 741), Apfelgrün (Fb 814), Marine (Fb 817) und Schwarz (Fb 727), je 50 g
Rowan *Cashcotton 4 ply* in Aprikot (Fb 905), 50 g
Häkelnadel Nr. 2,5
waschbare Füllwatte
schwarzes Garn zum Sticken, Rest

Maschenprobe
Mit Nd Nr. 2,50 und fM 22 M und 25 R = 10 cm x 10 cm

Abkürzungen
Siehe Seite 117.

Achtung!
Die Katze wird mit fM gehäkelt. Beim Häkeln in Rd beginnt jede Rd mit 1 Wende-Lm, die nicht als M zählt, und endet mit 1 Km in die 1. fM, um die Rd zu schließen. Nach jeder Rd die Arbeit wenden. Beim Häkeln in R beginnt jede R ebenfalls mit 1 Wende-Lm, die nicht als M zählt.

Bunte Katze

Linkes vorderes Bein

Mit Nd Nr. 2,5 in Herzrot 2 Lm anschl. Nach jeder folg Rd die Arbeit wenden.

1. Rd (rechte Seite): 9 fM in die 2. Lm ab Nd, mit 1 Km in die 1. fM zur Rd schließen = 9 M.
2. Rd: 1 Lm, 2 fM in jede fM, 1 Km = 18 M.
3. Rd: 1 Lm, 1 fM in jede fM, 1 Km.
Faden abschneiden und mit Schwarz anschlingen.
4. Rd: In Schwarz, wie 3. Rd. Faden abschneiden und mit Titanweiß anschlingen.
5.+6. Rd: In Titanweiß, wie 3. Rd. Mit Apfelgrün anschlingen.
7. Rd: In Apfelgrün, 1 Lm, je 1 fM in die ersten 7 fM, 2x 2 fM zus abmaschen, je 1 fM in die letzten 7 fM, 1 Km = 16 M.
8. Rd: In Apfelgrün, wie 3. Rd.
9. Rd: In Titanweiß, 1 Lm, 2 fM zus abmaschen, je 1 fM in die folg 4 fM, 2x 2 fM zus abmaschen, je 1 fM in die folg 4 fM, 2 fM zus abmaschen, 1 Km = 12 M.
10. Rd: In Titanweiß, 1 Lm, je 1 fM in die ersten 5 fM, 2 fM zus abmaschen, je 1 fM in die letzten 5 fM, 1 Km = 11 M.
11.+12. Rd: In Apfelgrün, wie 3. Rd.
13.+14. Rd: In Titanweiß, wie 3. Rd.
15.+16. Rd: In Apfelgrün, wie 3. Rd.
Faden der letzten Rd zum Annähen ein Stück hängen lassen. Füllwatte einlegen, die Pfote fest, das Bein weicher ausstopfen.

Rechtes vorderes Bein

Wie das linke vordere Bein arbeiten, dabei Pink statt Herzrot, Marine statt Titanweiß und Türkisblau statt Apfelgrün verwenden.

Linkes hinteres Bein

Mit Nd Nr. 2,5 in Pink 4 Lm anschl. Nach jeder folg Rd die Arbeit wenden.

1. Rd (rechte Seite): 2 fM in die 2. Lm ab Nd, 1 fM in die folg Lm, 6 fM in die letzte Lm. Dann an der Unterseite der Lm-Kette weiterhäkeln: 1 fM in die folg Lm, 2 fM in die folg Lm, mit 1 Km in die 1. fM zur Rd schließen = 12 M.
2. Rd: 1 Lm, 2 fM in jede fM, 1 Km = 24 M.
3. Rd: 1 Lm, 1 fM in jede fM, 1 Km.
Faden abschneiden und mit Schwarz anschlingen.
4. Rd: In Schwarz, wie 3. Rd. Faden abschneiden und mit Türkisblau anschlingen.
5.+6. Rd: In Türkisblau, wie 3. Rd. Mit Marine anschlingen.
7. Rd: In Marine, 1 Lm, je 1 fM in die ersten 10 fM, 2x 2 fM zus abmaschen, je 1 fM in die letzten 10 fM, 1 Km = 22 M.
8. Rd: In Marine, 1 Lm, je 1 fM in die ersten 9 fM, 2x 2 fM zus abmaschen, je 1 fM in die letzten 9 fM, 1 Km = 20 M.
9. Rd: In Türkisblau, 1 Lm, 2 fM zus abmaschen, je 1 fM in die folg 6 fM, 2x 2 fM zus abmaschen, je 1 fM in die folg 6 fM, 2 fM zus abmaschen, 1 Km = 16 M.
10. Rd: In Türkisblau, 1 Lm, je 1 fM in die ersten 7 fM, 2 fM zus abmaschen, je 1 fM in die letzten 7 fM, 1 Km = 15 M.
11.+12. Rd: In Marine, wie 3. Rd.
13.+14. Rd: In Türkisblau, wie 3. Rd.
15.+16. Rd: In Marine, wie 3. Rd.
Faden der letzten Rd zum Annähen ein Stück hängen lassen. Füllwatte einlegen, die Pfote fest, das Bein weicher ausstopfen.

Rechtes hinteres Bein

Wie das linke hintere Bein arbeiten, dabei Herzrot statt Pink, Apfelgrün statt Türkisblau und Titanweiß statt Marine verwenden.

Schwanz

Mit Nd Nr. 2,5 in Schwarz 2 Lm anschl. Nach jeder folg Rd die Arbeit wenden.

1. Rd (rechte Seite): 4 fM in die 2. Lm ab Nd, mit 1 Km in die 1. fM zur Rd schließen = 4 M.

2. Rd: 1 Lm, 2 fM in jede fM, 1 Km = 8 M.

3. Rd: 1 Lm, 1 fM in jede fM, 1 Km.

Faden abschneiden und mit Türkisblau anschlingen.

4.–15. Rd: Wie 3. Rd.

Nun in R weiterarbeiten.

16. R: 1 Lm, 2 fM zus abmaschen, je 1 fM in die folg 4 fM, 2 fM zus abmaschen = 6 M.

17. R: 1 Lm, 2 fM zus abmaschen, je 1 fM in die folg 2 fM, 2 fM zus abmaschen = 4 M.

18. R: 1 Lm, 2x 2 fM zus abmaschen = 2 M.

Faden ein Stück hängen lassen.

Bauch

Mit Nd Nr. 2,5 in Aprikot 9 Lm anschl.

1. R (rechte Seite): 1 fM in die 2. Lm ab Nd, je 1 fM in die folg 7 Lm = 8 M.

2. R: 1 Lm, 2 fM in die 1. fM, je 1 fM in die folg 6 fM, 2 fM in die letzte fM = 10 M.

3.+4. R: Wie 2. R = 14 M.

5. R: 1 Lm, 1 fM in jede fM.

6. R: Wie 2. R = 16 M.

7.–14. R: Wie 5. R.

15. R: 1 Lm, 2 fM zus abmaschen, je 1 fM in die folg 12 fM, 2 fM zus abmaschen = 14 M.

16.+17. R: Wie 5. R.

18. R: Wie 15. R = 12 M.

19. R: Wie 5. R.

20.–22. R: Wie 15. R = 6 M.

Die Arbeit beenden.

Rücken

Mit Nd Nr. 2,5 in Pink 7 Lm anschl.

1. R (rechte Seite): 1 fM in die 2. Lm ab Nd, je 1 fM in die folg 4 Lm, 4 fM in die letzte Lm. Dann an der Unterseite der Lm-Kette je 1 fM in die folg 5 Lm häkeln = 14 M.

2. R: 1 Lm, je 1 fM in die ersten 6 fM, je 2 fM in die folg 2 fM, je 1 fM in die letzten 6 fM = 16 M.

3. R: 1 Lm, je 1 fM in die ersten 7 fM, je 2 fM in die folg 2 fM, je 1 fM in die letzten 7 fM = 18 M.

4. R: 1 Lm, je 1 fM in die ersten 8 fM, je 2 fM in die folg 2 fM, je 1 fM in die letzten 8 fM = 20 M.

5. R: 1 Lm, 1 fM in jede fM.

6. R: 1 Lm, je 1 fM in die ersten 9 fM, je 2 fM in die folg 2 fM, je 1 fM in die letzten 9 fM = 22 M.

7.–16. R: Wie 5. R.

17. R: 1 Lm, je 1 fM in die ersten 9 fM, 2x 2 fM zus abmaschen, je 1 fM in die letzten 9 fM = 20 M.

18.+19. R: Wie 5. R.

20. R: 1 Lm, je 1 fM in die ersten 8 fM, 2x 2 fM zus abmaschen, je 1 fM in die letzten 8 fM = 18 M.

21. R: Wie 5. R.

22. R: 1 Lm, je 1 fM in die ersten 7 fM, 2x 2 fM zus abmaschen, je 1 fM in die letzten 7 fM = 16 M.

23. R: Wie 5. R.

24. R: 1 Lm, je 1 fM in die ersten 6 fM, 2x 2 fM zus abmaschen, je 1 fM in die letzten 6 fM = 14 M.

25. R: 1 Lm, je 1 fM in die ersten 5 fM, 2x 2 fM zus abmaschen, je 1 fM in die letzten 5 fM = 12 M.

26. R: 1 Lm, je 1 fM in die ersten 4 fM, 2x 2 fM zus abmaschen, je 1 fM in die letzten 4 fM = 10 M.

27. R: 1 Lm, je 1 fM in die ersten 3 fM, 2x 2 fM zus abmaschen, je 1 fM in die letzten 3 fM = 8 M.

Die letzte R rechts auf rechts doppelt legen und mit fM zushäkeln. Arbeit beenden.

Kopf

Mit Nd Nr. 2,5 in Herzrot 2 Lm anschl. Nach jeder folg Rd die Arbeit wenden.

1. Rd (rechte Seite): 8 fM in die 2. Lm ab Nd häkeln, mit 1 Km in die 1. fM zur Rd schließen = 8 M.
2. Rd: 1 Lm, 2 fM in jede fM, 1 Km = 16 M.
3. Rd: 1 Lm, *2 fM in die folg fM, 1 fM in die folg fM, ab * 8x häkeln, 1 Km = 24 M.
4. Rd: 1 Lm, 1 fM in jede fM, 1 Km.
5. Rd: 1 Lm, *2 fM in die folg fM, je 1 fM in die folg 2 fM, ab * 8x häkeln, 1 Km = 32 M.
6. Rd: Wie 4. Rd.
7. Rd: 1 Lm, *2 fM in die folg fM, je 1 fM in die folg 3 fM, ab * 8x häkeln, 1 Km = 40 M.
8.–15. Rd: Wie 4. Rd.
16. Rd: 1 Lm, *je 1 fM in die folg 3 fM, 2 fM zus abmaschen, ab * 8x häkeln, 1 Km = 32 M.
17. Rd: Wie 4. Rd.
18. Rd: 1 Lm, *je 1 fM in die folg 2 fM, 2 fM zus abmaschen, ab * 8x häkeln, 1 Km = 24 M.
Füllwatte in den Kopf einlegen. Faden abschneiden und mit Titanweiß anschlingen.
19.+20. Rd: Wie 4. Rd.
21. Rd: 1 Lm, *1 fM in die folg fM, 2 fM zus abmaschen, ab * 8x häkeln, 1 Km = 16 M.
22.+23. Rd: Wie 4. Rd.
Falls nötig, nochmals Füllwatte einlegen, so dass der Kopf komplett gefüllt ist.
24. Rd: 1 Lm, 8x 2 fM zus abmaschen, 1 Km = 8 M.
25. Rd: 1 Lm, 4x 2 fM zus abmaschen, 1 Km = 4 M.
Die Arbeit beenden.

Ohr (2x)

Mit Nd Nr. 2,5 in Aprikot 2 Lm anschl.

1. R (rechte Seite): 3 fM in die 2. Lm ab Nd = 3 M.
2. R: 1 Lm, 1 fM in die 1. fM, 3 fM in die folg fM, 1 fM in die letzte fM = 5 M.
3. R: 1 Lm, je 1 fM in die ersten 2 fM, 3 fM in die folg fM, je 1 fM in die letzten 2 fM = 7 M.
4. R: 1 Lm, je 1 fM in die ersten 3 fM, 3 fM in die folg fM, je 1 fM in die letzten 3 fM = 9 M.
5. R: 1 Lm, je 1 fM in die ersten 4 fM, 3 fM in die folg fM, je 1 fM in die letzten 4 fM = 11 M. Faden abschneiden und mit Apfelgrün anschlingen.
6.+7. Rd: 1 Lm, 1 fM in jede fM.
8. R: 1 Lm, je 1 fM in die ersten 3 fM, 2 fM zus abmaschen, 1 fM in die folg fM, 2 fM zus abmaschen, je 1 fM in die letzten 3 fM = 9 M.
9. R: 1 Lm, je 1 fM in die ersten 2 fM, 2 fM zus abmaschen, 1 fM in die folg fM, 2 fM zus abmaschen, je 1 fM in die letzten 2 fM = 7 M.
10. R: 1 Lm, 1 fM in die 1. fM, 2 fM zus abmaschen, 1 fM in die folg fM, 2 fM zus abmaschen, 1 fM in die letzte fM = 5 M.
11. R: 1 Lm, 2 fM zus abmaschen, 1 fM in die folg fM, 2 fM zus abmaschen = 3 M.
Die Arbeit beenden.

Fertigstellung

Den Bauch rechts auf rechts an den Rücken nähen, dabei die Mitte der Anschlagkante vom Bauch an der 1. R des Rückens und die Mitte der letzten R an der letzten R des Rückens anlegen, eine kleine Öffnung zum Wenden lassen. Den Körper wenden, mit Füllwatte ausstopfen und die Öffnung zunähen.

Die letzte Rd der Beine doppelt legen und auf der Naht am Körper festnähen. Den Schwanz hinten an den Körper nähen (siehe Foto). Den Kopf auf den Körper nähen. Die Ohren flachlegen, am Kopf festnähen. Mit schwarzem Garn die Augen aufsticken. Die Nase in Pink mit Schlingstichen von der Mitte aus über die letzte Rd des Kopfes sticken. Den Mund mit Spannstichen aufsticken.

Bunte Katze

Lätzchen

· · · · · · · · ·

Da die Lätzchen nur mit festen Maschen und Luftmaschen gehäkelt werden, sind sie selbst für ungeübte Häklerinnen schnell und einfach anzufertigen.

Es gibt drei verschiedene Ausführungen – eine gestreifte Variante und zwei Versionen mit applizierten Motiven – einmal in Pink und Weiß für Mädchen, einmal in Blautönen und Weiß für Jungen.

Und da man davon nie genug haben kann, fertigen Sie doch gleich ein ganzes Set mit drei Lätzchen an. Mit einer liebevollen Karte (siehe Seite 109) und gehäkeltem Spitzenbändchen für die Verpackung (wie auf Seite 110) ein schönes Geschenk für ein Neugeborenes.

Größe
Die fertigen Lätzchen sind 16 cm breit

Material
Rowan *4 ply Cotton* in Weiß (Fb 113), Orchidee (Fb 120) oder Beige (Fb 112), Bonbonrosa (Fb 133) oder Blau (Fb 137) und Kadmiumrot (Fb 132) oder Türkis (Fb 129), je 50 g
Häkelnadel Nr. 3,5 Ø

Maschenprobe
Mit Nd Nr. 3,5: 1.–5. Rd = 5,5 cm Ø

Abkürzungen
Siehe Seite 117.

Lätzchen mit 2 Motiven

Mit Nd Nr. 3,5 in Weiß 5 Lm anschl, mit 1 Km zum Ring schließen. Jede folg Rd beginnt mit 1 Lm, die nicht als M zählt, und endet mit 1 Km in die 1. fM, um die Rd zu schließen. Die fM stets nur in das hintere M-Glied der Vor-Rd arbeiten. Beim Häkeln in R beginnt jede R ebenfalls mit 1 Lm, die nicht als M zählt. Die fM auf der rechten Seite nur in das hintere, auf der linken Seite nur in das vordere M-Glied arbeiten.
1. Rd (rechte Seite): 1 Lm, 12 fM in den Ring häkeln, 1 Km = 12 M.
2. Rd: 1 Lm, *1 fM in die folg fM, 1 Lm, ab * stets wdh, 1 Km = 24 M.
3. Rd: 1 Lm, *1 fM in die folg M, 1 Lm, 1 fM in die folg M, 1 Lm, 1 M übergehen, 1 fM in die folg M, 1 Lm, ab * stets wdh, 1 Km = 36 M.
4. Rd: 1 Lm, * 1 fM in die folg fM, 1 Lm, 1 Lm übergehen, ab * stets wdh, 1 Km.
5.+6. Rd: Wie 3.+4. Rd = 54 M.
7. Rd: 1 Lm, *1 fM in die folg M, 1 Lm, 1 M übergehen, 1 fM in die folg M, 1 Lm, ab * stets wdh, 1 Km = 72 M.
8. Rd: Wie 4. Rd. Die Arbeit wenden. Für den Halsausschnitt in R weiterarbeiten, wie folgt:
9. R (linke Seite): 1 Lm, *1 fM in die folg M, 1 Lm, 1 M übergehen, 1 fM in die folg M, 1 Lm, ab * 20x häkeln, 1 fM in die folg M, 1 Lm, 1 M übergehen, 1 fM in die folg M, die restl 9 M unbehäkelt lassen = 83 M.
10. R (rechte Seite): 1 Lm, die ersten 2 M übergehen, *1 fM in die folg fM, 1 Lm, 1 Lm übergehen, ab * 39x häkeln, 1 fM in die folg fM, die restl 2 M unbehäkelt lassen = 79 M.
11. R: 1 Lm, die ersten 2 M übergehen, *[1 fM in die folg M, 1 Lm, 1 M übergehen] 2x, 1 fM in die folg M, 1 Lm, ab * 14x häkeln, [1 fM in die folg M, 1 Lm, 1 M übergehen] 2x, 1 fM in die folg M, die restl 2 M unbehäkelt lassen = 89 M.
12. R: 1 Lm, die ersten 2 M übergehen, *1 fM in die folg fM, 1 Lm, 1 Lm übergehen, ab * 42x häkeln, 1 fM in die folg fM, die restl 2 M unbehäkelt lassen = 85 M.
13. R: 1 Lm, *[1 fM in die folg M, 1 Lm, 1 M übergehen] 2x, 1 fM in die folg M, 1 Lm, ab * 16x häkeln, [1 fM in die folg M, 1 Lm, 1 M übergehen] 2x, 1 fM in die letzte M = 101 M. Faden abschneiden. Mit Bonbonrosa oder Blau anschlingen.
14. R: In Bonbonrosa oder Blau, 1 Lm, 1 fM in die 1. fM, *1 Lm, 1 Lm übergehen, 1 fM in die folg fM, ab * stets wdh. Mit Orchidee oder Beige anschlingen.
15. R: In Orchidee oder Beige, 1 Lm, 1 fM in die 1. fM, *1 Lm, 1 Lm übergehen, 1 fM in die folg fM, ab * stets wdh.
16. R: Wie 14. R. Die Arbeit beenden.

Lätzchen mit einem Motiv

Wie beim Lätzchen mit 2 Motiven beschrieben, jedoch folgende Farben verwenden:
1.–8. Rd und 9.–12. R in Orchidee oder Beige,
13. R in Bonbonrosa oder Blau,
14.+15. R in Weiß,
16. R in Bonbonrosa oder Blau.

Gestreiftes Lätzchen

Wie beim Lätzchen mit 2 Motiven beschrieben, jedoch die Farben wie folgt verwenden:
1. Rd in Weiß,
2. Rd in Orchidee oder Beige,
3. Rd in Bonbonrosa oder Blau,
4. Rd in Kadmiumrot oder Türkis.
Diese 4 Rd (bzw. R) noch 3x wdh.

Fertigstellung
Die Lätzchen von links leicht bügeln, dabei die Pflegehinweise auf der Garnbanderole beachten.

HALSBÄNDCHEN
Mit Nd Nr. 3,5 in Weiß 50 Lm anschl, 23 fM gleichmäßig verteilt in die Halsausschnittrundung des Lätzchens (rechte Seite oben) häkeln und noch 51 Lm anschl. Wenden und 1 R wie folgt häkeln: 1 fM in die 2. Lm ab Nd, je 1 fM in die folg 49 Lm, je 1 fM in die folg 23 fM, je 1 fM in die folg 50 Lm. Arbeit beenden.

Mädchen-Versionen

MOTIV FÜR DAS LÄTZCHEN MIT EINEM MOTIV
Mit Nd Nr. 3,5 in Weiß 8 Lm anschl, mit 1 Km zum Ring schließen.
1. Rd: 1 Lm, 16 fM in den Ring, 1 Km in die 1. fM = 16 M.
2. R: 11 Lm (= 1 Stb + 8 Lm), die ersten 2 fM der Vor-Rd übergehen, *1 Stb in die folg fM, 8 Lm, 1 fM übergehen, ab * 5x häkeln, 1 Stb in die folg fM. Wenden.
3. R: In jeden Lm-Bogen 1 fM, 1 hStb, 1 Stb, 3 Dstb, 4 Lm, 1 Km in den Kopf des vorherigen Dstb, 2 Dstb, 1 Stb, 1 hStb und 1 fM häkeln, mit 1 Km in die 3. Anfangs-Lm der 2. R enden. Faden abschneiden.

MOTIV FÜR DAS LÄTZCHEN MIT 2 MOTIVEN (2x)
Mit Nd Nr. 3,5 in Orchidee 6 Lm anschl, mit 1 Km zum Ring schließen.
1. R: 1 Lm, 7 fM in den Ring häkeln. Wenden.
2. R: 11 Lm (= 1 Stb + 8 Lm), die ersten 2 fM der Vor-Rd übergehen, *1 Stb in die folg fM, 8 Lm, 1 fM übergehen, ab * 2x häkeln, 1 Stb in die letzte fM. Wenden.
3. R: In jeden Lm-Bogen 1 fM, 1 hStb, 1 Stb, 3 Dstb, 4 Lm, 1 Km in den Kopf des vorherigen Dstb, 2 Dstb, 1 Stb, 1 hStb und 1 fM häkeln, mit 1 Km in die 3. Anfangs-Lm der 2. R enden. Faden abschneiden.
Die Motive auf die Lätzchen nähen. Mit Knötchenstichen in Bonbonrosa besticken (siehe Foto).

Jungen-Versionen

MOTIV FÜR DAS LÄTZCHEN MIT EINEM MOTIV
Mit Nd Nr. 3,5 in Weiß 5 Lm anschl, mit 1 Km zum Ring schließen.
1. Rd: 7 Lm (= 1 Dstb + 3 Lm), *1 Dstb in den Ring, 3 Lm, ab * 8x häkeln, 1 Km in die 4. Anfangs-Lm.
2. Rd: 3 Lm (= 1. Stb), *4 Stb in den folg Lm-Bogen, 1 Stb in das folg Dstb, ab * 8x häkeln, 4 Stb in den folg Lm-Bogen, 1 Km in die 3. Anfangs-Lm.
3. R: 1 Lm, 1 fM in das 1. Stb, *6 Lm, 1 fM in die 2. Lm ab Nd, je 1 hStb, 1 Stb, 1 Dstb, 1 dreif Stb in die folg 4 Lm, 4 Stb der 2. Rd übergehen, 1 fM in das folg Stb, ab * 8x häkeln. Faden abschneiden.

MOTIV FÜR DAS LÄTZCHEN MIT 2 MOTIVEN (2x)
Mit Nd Nr. 3,5 in Beige 5 Lm anschl, mit 1 Km zum Ring schließen.
1. R: 7 Lm (= 1 Dstb + 3 Lm), *1 Dstb in den Ring, 3 Lm, ab * 3x häkeln, 1 Dstb in den Ring. Wenden.
2. R: 3 Lm (= 1. Stb), *4 Stb in den folg Lm-Bogen, 1 Stb in das folg Dstb, ab * 4x häkeln. Wenden.
3. R: 1 Lm, 1 fM in das 1. Stb, *6 Lm, 1 fM in die 2. Lm ab Nd, je 1 hStb, 1 Stb, 1 Dstb, 1 dreif Stb in die folg 4 Lm, 4 Stb der 2. R übergehen, 1 fM in das folg Stb, ab * 4x häkeln. Faden abschneiden.
Die Motive auf die Lätzchen nähen. Mit Knötchenstichen in Türkis besticken (siehe Foto).

Wickel-jäckchen

• • • • • • • • • •

Dieses niedliche Wickeljäckchen ist wunderbar einfach zu häkeln und Babys fühlen sich wohl darin. Über einem feinen Kleidchen getragen, sieht es besonders schick aus.

Die Vorderteile sind unten extra breit, sie werden übereinandergeschlagen und mit Druckknöpfen befestigt. So lässt sich die Weite um den Bauch gut regulieren. Das luftige Muster besteht nur aus Stäbchen und wird mit dem angenehm weichen Rowan *RYC Cashsoft 4 ply* gehäkelt. Eifrige Häklerinnen können ihre Fähigkeiten an den einfachen Schnittformen unter Beweis stellen.

Alter
0–3 (3–6/6–12/12–18) Monate
Größe
Brustumfang 44 (51/55/61) cm
Länge 16 (20/23/28) cm
Untere Ärmellänge 12 (15/19/23) cm

Material
Rowan *RYC Cashsoft 4 ply* in Zartblau (Fb 424), 100 (150/150/200) g
Häkelnadel Nr. 3
2 Druckknöpfe

Maschenprobe
Mit Nd Nr. 3 und Stb 21 M und 12 R = 10 cm x 10 cm

Abkürzungen
Siehe Seite 117.

Abnahmen
Am R-Anfang 1 M abn: 3 Lm (= 1. Stb), 2 Stb zus abmaschen.
Am R-Ende 1 M abn: 2 Stb zus abmaschen, 1 Stb in die 3. Anfangs-Lm der Vor-R.
Am R-Anfang 2 M abn: 3 Lm (= 1. Stb), 3 Stb zus abmaschen.
Am R-Ende 2 M abn: 3 Stb zus abmaschen, 1 Stb in die 3. Anfangs-Lm der Vor-R.

Zunahmen
Am R-Anfang 1 M zun: 3 Lm (= 1. Stb), 2 Stb in die folg M.
Am R-Ende 1 M zun: 2 Stb in die vorletzte M, 1 Stb in die 3. Anfangs-Lm der Vor-R.

Rücken- und Vorderteile
Bis zu den Armausschnitten in einem Stück häkeln. Mit Nd Nr. 3 in Zartblau 126 (142/158/174) Lm anschl.
1. R (= Hinr): 1 Stb in die 4. Lm ab Nd, 1 Stb in jede folg Lm = 124 (140/156/172) M.
Weiter Stb häkeln, dabei das 1. Stb jeder R durch 3 Lm ersetzen, 1 Stb in jedes folg Stb und das letzte Stb in die 3. Anfangs-Lm der Vor-R häkeln.
Nach 2 R ab Anschlag für die vordere Schrägung in jeder R beids 5 (9/8/6)x 2 M und 0 (0/3/9)x 1 M abn = 104 (104/118/130) M.
Für das **linke Vorderteil** 1 Rückr wie folgt häkeln: 3 Lm, 1x 2 (1/1/1) M abn und je 1 Stb in die folg 22 (20/24/27) M häkeln, die restl M unbehäkelt lassen.
Über diese 24 (22/26/29) M weiterhäkeln, dabei am rechten Rand für den Armausschnitt in jeder R 3 (4/5/6)x 1 M abn, am linken Rand für die weitere vordere Schrägung in jeder R 4 (0/0/0)x 2 M und 4 (7/9/10)x 1 M abn, dann in jeder 2. R noch 1 (2/2/2)x 1 M abn = 8 (9/10/11) M. Danach für die Schulter noch 1 R ohne Abnahmen häkeln. Faden abschneiden.

Für das **Rückenteil** an der letzten kompletten R der Jacke an der 7. M ab linkem Vorderteil anschlingen und 1 Rückr wie folgt häkeln: 3 Lm und je 1 Stb in die folg 39 (45/51/57) M häkeln, die restl M unbehäkelt lassen.
Über diese 40 (46/52/58) M weiterhäkeln, dabei für die Armausschnitte in jeder R beids 3 (4/5/6)x 1 M abn = 34 (38/42/46) M. Noch 6 (6/7/7) R ohne Abnahmen häkeln.
Dann für die Schulter 1 R wie folgt: 3 Lm und je 1 Stb in die folg 8 (9/10/11) M, die restl M für den Halsausschnitt zunächst unbehäkelt lassen. In der folg R am Halsausschnittrand 1 M abn = 8 (9/10/11) M. Faden abschneiden.

An der 17. (19./21./23.) M ab 1. Schulter neu anschlingen, die mittl 16 (18/20/22) M bleiben für den Halsausschnitt frei. Für die 2. Schulter 3 Lm und je 1 Stb in die restl 8 (9/10/11) M häkeln. In der folg R am Halsausschnittrand 1 M abn = 8 (9/10/11) M. Faden abschneiden.
Für das **rechte Vorderteil** an der letzten kompletten R der Jacke an der 7. M ab Rückenteil anschlingen und 1 Rückr wie folgt häkeln: 3 Lm, je 1 Stb in die folg 22 (20/24/27) M, 1x 2 (1/1/1) M abn, 1 Stb in die letzte M. Über diese 24 (22/26/29) M weiterhäkeln, dabei am rechten Rand für die weitere vordere Schrägung in jeder R 4 (0/0/0)x 2 M und 4 (7/9/10)x 1 M abn, dann in jeder 2. R noch 1 (2/2/2)x 1 M

Wickeljäckchen

abn, am linken Rand für den Armausschnitt in jeder R
3 (4/5/6)x 1 M abn = 8 (9/10/11) M. Danach für die Schulter noch 1 R ohne Abnahmen häkeln. Die Arbeit beenden.

Ärmel (2x)

Mit Nd Nr. 3 in Zartblau 30 (32/34/36) Lm anschl.
1. R (= Hinr): 1 Stb in die 4. Lm ab Nd, 1 Stb in jede folg Lm = 28 (30/32/34) M.
Weiter Stb wie bei Rücken- und Vorderteilen beschrieben häkeln. Nach 2 R ab Anschlag für die Ärmelschrägungen beids in jeder R 3 (1/1/1)x 1 M zun, dann in jeder 2. R 4 (7/9/8)x 1 M und in jeder 3. R 0 (0/0/2)x 1 M zun = 42 (46/52/56) M. Noch 1 (1/2/2) R ohne Zunahmen häkeln.
Für die Armkugel in der folg R je 1 Km in die ersten 4 M häkeln, 3 Lm, je 1 Stb in die folg 35 (39/45/49) M, die restl 3 M unbehäkelt lassen. Über diese 36 (40/46/50) M weiterhäkeln, dabei beids in jeder R 5 (6/7/8)x 2 M abn = 16 (16/18/18) M. Die Arbeit beenden.

Fertigstellung

Alle Teile von links leicht bügeln, dabei die Pflegehinweise auf der Garnbanderole beachten. Schulternähte schließen. Vorderteil- und Halsausschnittkanten umhäkeln: Unten am rechten Vorderteil anschlingen, mit 1 Lm beginnen, fM gleichmäßig verteilt auf die Schrägung des rechten Vorderteils, den rückwärtigen Halsausschnitt und die Schrägung des linken Vorderteils häkeln, dabei darauf achten, dass die Anzahl der fM durch 5 + 1 teilbar ist. Wenden und 1 Rückr wie folgt häkeln: 1 Lm, je 1 fM in die ersten 3 fM, *3 Lm, 1 Km in die vorherige fM, je 1 fM in die folg 5 fM, ab * stets wdh, enden mit 3 Lm, 1 Km in die vorherige fM, je 1 fM in die letzten 3 fM. Faden abschneiden. Die unteren Ärmelkanten ebenso umhäkeln.
Ärmelnähte schließen. Ärmel in die Armausschnitte nähen, dabei die Mitte der letzten R an der Schulternaht anlegen.

Die Vorderteile links über rechts (für Jungen) oder rechts über links (für Mädchen) legen und die Druckknöpfe jeweils an den äußeren Ecken der Vorderteile befestigen.
Für die Schleife 52 Lm anschl und 1 R wie folgt häkeln: 1 fM in die 2. Lm ab Nd, je 1 fM in die folg 2 Lm, *3 Lm, 1 Km in die vorherige fM, je 1 fM in die folg 5 Lm, ab * stets wdh, enden mit 3 Lm, 1 Km in die vorherige fM, je 1 fM in die letzten 3 Lm. Faden abschneiden. Das Bändchen zur Schleife binden und auf das oben liegende Vorderteil nähen (siehe auch Foto).

Kleiderbügel

· · · · · · · · · ·

Praktisch und dekorativ zugleich – die umhäkelten und leicht gepolsterten Kleiderbügel mit applizierten Motiven, die natürlich auch gehäkelt sind, sorgen für gute Laune im Kinderzimmer. Und damit alles seine Ordnung hat, bekommen Jungs das Auto-Motiv und Mädchen eine hübsche Blume.

Diese Kleiderbügel eignen sich bestens, um leicht knitternde Kleidungsstücke aufzuhängen, die bei einem gewöhnlichen Bügel leicht herunterrutschen oder aus der Form geraten.

Häkelspaß für Einsteiger ist garantiert, denn diese Modelle sind einfach und schnell gemacht.

Größe
Die fertige Hülle passt um einen Kinderkleiderbügel von ca. 31 cm Breite

Material
MÄDCHEN-SET
Rowan *RYC Cashsoft Baby DK* in Puderrosa (Fb 807), Zartorange (Fb 803) und Zartgrün (Fb 804), je 50 g
Rowan *RYC Cashsoft DK* in Blassrosa (Fb 501), 50 g
Rowan *Cashsoft 4 ply* in Rosé (Fb 421) und Magenta (Fb 426), je 50 g
16 kleine Perlen
76 cm Bändchen

JUNGEN-SET
Rowan *RYC Cashsoft Baby DK* in Wolkenblau (Fb 805), 50 g
Rowan *RYC Cashsoft DK* in Limone (Fb 509), Creme (Fb 500), Savanne (Fb 507) und Umbrabraun (Fb 517), je 50 g
Häkelnadel Nr. 3,5 und 4
Polyesterwatte
Kinderkleiderbügel aus Holz, ca. 31 cm

Maschenprobe
Mit Nd Nr. 4 und fM 18 M und 20 R = 10 cm x 10 cm

Abkürzungen
Siehe Seite 117.

Kleiderbügel

ACHTUNG!
Die Hüllen werden mit fM gehäkelt. Beim Häkeln in Rd beginnt jede Rd mit 1 Wende-Lm, die nicht als M zählt, und endet mit 1 Km in die 1. fM, um die Rd zu schließen. Nach jeder Rd die Arbeit wenden. Beim Häkeln in R beginnt jede R ebenfalls mit 1 Wende-Lm, die nicht als M zählt.

Mädchen-Set (zwei Farbvarianten)

Kleiderbügelhülle (pro Kleiderbügel 2x)
Mit Nd Nr. 4 in Puderrosa 2 Lm anschl. Nach jeder folg Rd die Arbeit wenden.
1. Rd (rechte Seite): 6 fM in die 2. Lm ab Nd, mit 1 Km in die 1. fM zur Rd schließen = 6 M.
2. Rd: 1 Lm, 2 fM in jede fM, 1 Km = 12 M.
3. Rd: 1 Lm, 1 fM in jede fM, 1 Km.
4. Rd: 1 Lm, *1 fM in die folg fM, 2 fM in die folg fM, ab * 6x häkeln, 1 Km = 18 M.
5. Rd: Wie 3. Rd.
6. Rd: 1 Lm, *je 1 fM in die folg 2 fM, 2 fM in die folg fM, ab * 6x häkeln, 1 Km = 24 M.
7.–36. Rd: Wie 3. Rd.
Nun in R weiterarbeiten:
37. R: Je 1 Km in die ersten 3 fM häkeln, 1 Lm, je 1 fM in die folg 18 fM, die restl 3 fM unbehäkelt lassen = 18 M.
38. R: Je 1 Km in die ersten 3 fM häkeln, 1 Lm, je 1 fM in die folg 12 fM, die restl 3 fM unbehäkelt lassen = 12 M.
39. R: Je 1 Km in die ersten 3 fM häkeln, 1 Lm, je 1 fM in die folg 6 fM, die restl 3 fM unbehäkelt lassen = 6 M. Die Arbeit beenden.
Das 2. Teil genauso häkeln.
Für den 2. Kleiderbügel 2 Teile in Zartgrün häkeln.

Blüte (2x)
Mit Nd Nr. 3,5 in Zartorange 7 Lm anschl, mit 1 Km zum Ring schließen.
1. Rd (rechte Seite): 1 Lm, 16 fM in den Ring, 1 Km in die 1. fM = 16 M.

2. Rd: 1 Lm, 1 fM in die 1. fM, *5 Lm, 1 fM übergehen, 1 fM in die folg fM, ab * 7x häkeln, 5 Lm, 1 fM übergehen, 1 Km in die 1. fM. Faden abschneiden und mit Rosé an einem Lm-Bogen anschlingen.
3. Rd: 1 Lm, in jeden Lm-Bogen 1 fM, 5 hStb und 1 fM häkeln, 1 Km in die 1. fM. Arbeit beenden.
Für die 2. Blüte Magenta statt Zartorange und Blassrosa statt Rosé verwenden.

Fertigstellung

Polyesterwatte in 5 cm breite Streifen schneiden und um den Kleiderbügel wickeln, so dass er ca. 3–4 cm dick wird. Die Wattestreifen mit einigen Stichen fixieren. Die Häkelteile über den wattierten Bügel ziehen, so dass die Mitte der letzten R jeweils am Haken liegt. Darauf achten, dass die Wattierung glatt in der Hülle liegt. Die beiden Teile zusnähen. Die Blüten auf die Kleiderbügel nähen. Jeweils 8 Perlen aufnähen (siehe Foto). Das Bändchen in zwei gleiche Teile schneiden und um die Bügelhaken zur Schleife binden.

Jungen-Set (zwei Farbvarianten)

Kleiderbügelhülle (pro Kleiderbügel 2x)
Wie beim Mädchen-Set beschrieben 2 Teile in Wolkenblau und 2 Teile in Savanne häkeln.

Auto (2x)
Mit Nd Nr. 3,5 in Limone 19 Lm anschl.
1. R (rechte Seite): 1 fM in die 2. Lm ab Nd, je 1 fM in die folg 17 Lm = 18 M.
2. R: 1 Lm, 1 fM in jede fM.
3. R: Wie 2. R.
4. R: 1 Lm, je 1 fM in die folg 16 fM, 2 fM zus abmaschen = 17 M.
5. R: 1 Lm, 2 fM zus abmaschen, 1 fM in jede folg fM bis zu den letzten 2 M, 2 fM zus abmaschen = 15 M.
6. R: Wie 5. R = 13 M.
7. R: In Limone je 1 Km in die ersten 2 M, 1 Lm, je 1 fM in die folg 2 fM, in Creme je 1 fM in die folg 2 fM, in Limone 1 fM in die folg fM, in Creme je 1 fM in die folg 2 fM, in Limone je 1 fM in die folg 2 fM, die restl 2 M unbehäkelt lassen = 9 M.
8. R: In Limone 1 Lm, je 1 fM in die folg 2 fM, in Creme je 1 fM in die folg 2 fM, in Limone 1 fM in die folg fM, in Creme je 1 fM in die folg 2 fM, in Limone je 1 fM in die letzten 2 fM. Creme abschneiden.
9. R: Wie 2. R.
10.+11. R: Wie 5. R = 5 M. Arbeit beenden.
Für das 2. Auto Wolkenblau statt Limone verwenden.

Räder (pro Auto 2x)
Mit Nd Nr. 3,5 in Creme 2 Lm anschl.
1. Rd (rechte Seite): 5 fM in die 2. Lm ab Nd, mit 1 Km in die 1. fM zur Rd schließen = 5 M. Creme abschneiden und mit Umbrabraun anschlingen.
2. Rd: 1 Lm, 2 fM in jede fM, 1 Km in die 1. fM. Arbeit beenden.
Weitere 3 Räder genauso häkeln.

Fertigstellung
Kleiderbügel wattieren und beziehen wie beim Mädchen-Set beschrieben. Die Räder auf die Autos nähen, dann die Autos auf die Kleiderbügel nähen.

Häschen-Tasche

• • • • • • • • •

Ein vielseitig einsetzbares Accessoire im Kinderzimmer – die Tasche im Hasen-Outfit hält zum Beispiel Babys Pflegeprodukte griffbereit.

Harmonisch aufeinander abgestimmte Farbtöne der Rowan Garne runden das Gesamtbild ab.

Ursprünglich als Windelbox verwendet, kann das Häschen schnell zu einer Schlafanzugtasche für ältere Kinder umfunktioniert werden. Welches kleine Kind könnte da widerstehen?

Dieses Projekt nimmt sicher mehr Zeit in Anspruch als andere Modelle in diesem Buch, ist aber ideal, neu erworbene Fähigkeiten noch ein wenig zu üben.

Größe
Die fertige Tasche ist 28 cm breit, 14 cm tief und 50 cm hoch (ohne Ohren)

Material
Rowan *RYC Cashsoft DK* in Umbrabraun (Fb 517), 100 g und Savanne (Fb 507), 50 g
Rowan *RYC Cashsoft Baby DK* in Zartgrün (Fb 804), Wolkenblau (Fb 805) und Elfenbein (Fb 801), je 50 g
Rowan *RYC Cashsoft 4 ply* in Flieder (Fb 423) und Rosé (Fb 421), je 50 g
Häkelnadel Nr. 4
feste Pappe, 15 cm x 30 cm
waschbare Füllwatte

Maschenprobe
Mit Nd Nr. 4 im angegebenen Muster (siehe Rückenteil) 20 M und 12 R = 10 cm x 10 cm

Abkürzungen
Siehe Seite 117.

Häschen-Tasche

Boden (2x)
Mit Nd Nr. 4 in Umbrabraun 57 Lm anschl.
1. R (rechte Seite): 1 fM in die 2. Lm ab Nd, 1 fM in jede folg Lm = 56 M.
2. R: 1 Lm, 1 fM in jede fM der Vor-R.
Die 2. R stets wdh. Nach 14 cm ab Anschlag die Arbeit beenden.

Rückenteil
Mit Nd Nr. 4 in Umbrabraun 58 Lm anschl.
Basis-R (linke Seite): 1 fM in die 2. Lm ab Nd, *1 Lm, 1 Lm übergehen, 1 fM in die folg Lm, ab * stets wdh = 57 M.
Im Folgenden, falls erforderlich, mit neuer Farbe anschlingen und die Farben wie angegeben wechseln.
1. R (rechte Seite): In Zartgrün, 3 Lm und 1 Stb um die folg Lm (= erste 2 zus abgemaschte Stb), *1 Lm, 2 Stb zus abmaschen, davon das 1. Stb um dieselbe Lm wie das vorherige Stb und das 2. Stb um die folg Lm arbeiten, ab * stets wdh, jedoch bei den letzten 2 zus abgemaschten Stb das 2. in die 1. fM der Vor-R arbeiten.
2. R: In Flieder, 1 Lm (zählt nicht als M), 1 fM um die letzte Lm der Vor-R, *1 Lm, 1 fM um die folg Lm, ab * stets wdh, die ersten 2 zus abgemaschten Stb der Vor-R bleiben unbehäkelt = 55 M.
3. R: In Wolkenblau, wie 1. R.
4. R: In Rosé, wie 2. R = 53 M.
5. R: In Umbrabraun, wie 1. R.
6. R: In Zartgrün, wie 2. R = 51 M.
7. R: In Flieder, wie 1. R.
8. R: In Wolkenblau, wie 2. R = 49 M.
9. R: In Rosé, wie 1. R.
10. R: In Umbrabraun, wie 2. R = 47 M.
Die 1.–10. R noch 2x wdh, dann die 1.–3. R noch 1x wdh = 25 M. Anfang und Ende der letzten R markieren. Wie folgt weiterarbeiten, dabei die Streifenfolge fortsetzen:
34. R (linke Seite): Je 1 Km in die letzten 3 M der Vor-R häkeln, 1 Lm (zählt nicht als M), *1 fM um die folg Lm, 1 Lm, ab * stets wdh, enden mit 1 fM um die 2. Lm der Vor-R, die ersten 3 M unbehäkelt lassen = 19 M.
35. R: Wie 2. R.
36.+37. R: Wie 34.+35. R = 13 M. Die Arbeit beenden.

Vorderteil
Wie beim Rückenteil beschrieben bis zum Ende der 3. R arbeiten = 55 M. In der Streifenfolge weiterarbeiten, dabei die Arbeit für die vordere Öffnung teilen, wie folgt:
4. R: 1 Lm (zählt nicht als M), 1 fM um die letzte Lm der Vor-R, *1 Lm, 1 fM um die folg Lm, ab * 11x häkeln, die restl M unbehäkelt lassen = 23 M.
5. R: Wie 1. R.
6. R: 1 Lm (zählt nicht als M), 1 fM um die letzte Lm der Vor-R, *1 Lm, 1 fM um die folg Lm, ab * stets wdh, 1 fM in das 1. Stb der Vor-R = 22 M.
7. R: 3 Lm (= 1 Stb), 2 Stb zus abmaschen, davon das 1. Stb in die letzte fM der Vor-R und das 2. Stb um die folg Lm arbeiten, *1 Lm, 2 Stb zus abmaschen, davon das 1. Stb um dieselbe Lm wie das vorherige Stb und das 2. Stb um die folg Lm arbeiten, ab * stets wdh, jedoch bei den letzten 2 zus abgemaschten Stb das 2. in die 1. fM der Vor-R arbeiten.
8. R: 1 Lm (zählt nicht als M), 1 fM um die letzte Lm der Vor-R, *1 Lm, 1 fM um die folg Lm, ab * stets wdh, dabei die letzte fM in die 3. Anfangs-Lm der Vor-R arbeiten = 21 M.
9.–28. R: Die 5.–8. R 5x häkeln = 11 M.
29.–31. R: Wie 5.–7. R = 10 M. Faden abschneiden.
An der 3. R an der 7. M ab 1. Vorderteilhälfte neu anschlingen und in der Streifenfolge für die 2. Vorderteilhälfte arbeiten, wie folgt:
4. R: 1 Lm (zählt nicht als M), 1 fM um die folg Lm, *1 Lm, 1 fM um die folg Lm, ab * 11x häkeln = 23 M.
5. R: Wie 1. R.
6. R: 1 Lm (zählt nicht als M), 1 fM in die letzte M der Vor-R, 1 fM um die folg Lm, *1 Lm, 1 fM um die folg Lm, ab * stets

wdh, die ersten 2 zus abgemaschten Stb der Vor-R bleiben unbehäkelt = 22 M.

7. R: 3 Lm und 1 Stb um die folg Lm (= erste 2 zus abgemaschte Stb), *1 Lm, 2 Stb zus abmaschen, davon das 1. Stb um dieselbe Lm wie das vorherige Stb und das 2. Stb um die folg Lm arbeiten, ab * stets wdh, jedoch bei den letzten 2 zus abgemaschten Stb das 2. in die 1. fM der Vor-R arbeiten, 1 Stb in dieselbe fM.

8. R: 1 Lm (zählt nicht als M), 1 fM in das letzte Stb der Vor-R, *1 Lm, 1 fM um die folg Lm, ab * stets wdh, die ersten 2 zus abgemaschten Stb der Vor-R bleiben unbehäkelt = 21 M.

9.–28. R: Die 5.–8. R 5x häkeln = 11 M.

29.–31. R: Wie 5.–7. R = 10 M. Faden abschneiden.

Nun über beide Vorderteilhälften in der Streifenfolge weiterarbeiten, dafür bei der 1. Hälfte am Ende der letzten R anschlingen.

32. R (linke Seite): 1 Lm (zählt nicht als M), 1 fM um die letzte Lm der Vor-R, *1 Lm, 1 fM um die folg Lm, ab * 3x häkeln, 1 Lm, 1 fM in die 3. Anfangs-Lm der Vor-R, 7 Lm, 1 fM in das letzte Stb der 2. Vorderteilhälfte, *1 Lm, 1 fM um die folg Lm, ab * 4x häkeln, die ersten 2 zus abgemaschten Stb der Vor-R bleiben unbehäkelt = 25 M.

33. R: 3 Lm und 1 Stb um die folg Lm (= erste 2 zus abgemaschte Stb), *1 Lm, 2 Stb zus abmaschen, davon das 1. Stb um dieselbe Lm wie das vorherige Stb und das 2. Stb um die folg Lm arbeiten, ab * 3x häkeln, 1 Lm, 2 Stb zus abmaschen, davon das 1. Stb um dieselbe Lm wie das vorherige Stb und das 2. Stb in die folg Lm arbeiten, *1 Lm, 2 Stb zus abmaschen, davon das 1. Stb in dieselbe Lm wie das vorherige Stb, 1 Lm übergehen und das 2. Stb in die folg Lm arbeiten, ab * 3x häkeln, 1 Lm, 2 Stb zus abmaschen, davon das 1. Stb in dieselbe Lm wie das vorherige Stb und das 2. Stb um die folg Lm arbeiten, *1 Lm, 2 Stb zus abmaschen, davon das 1. Stb um dieselbe Lm wie das vorherige Stb und das 2. Stb um die folg Lm arbeiten, ab * 4x häkeln, jedoch bei den letzten 2 zus abgemaschten Stb das 2. in die 1. fM der Vor-R arbeiten = 25 M.

Anfang und Ende der letzten R markieren.

Die 34.–37. R wie beim Rückenteil beschrieben arbeiten. Die Arbeit beenden.

Seitenteil (2x)

Mit Nd Nr. 4 in Umbrabraun 30 Lm anschl.

Basis-R (linke Seite): Wie beim Rückenteil beschrieben = 29 M.

Im Folgenden, falls erforderlich, mit neuer Farbe anschlingen und die Farben wie angegeben wechseln.

1. R (rechte Seite): In Zartgrün, 3 Lm und 1 Stb um die folg Lm (= erste 2 zus abgemaschte Stb), *1 Lm, 2 Stb zus abmaschen, davon das 1. Stb um dieselbe Lm wie das vorherige Stb und das 2. Stb um die folg Lm arbeiten, ab * stets wdh, jedoch bei den letzten 2 zus abgemaschten Stb das 2. in die 1. fM der Vor-R arbeiten.

2. R: In Flieder, 1 Lm (zählt nicht als M), 1 fM um die letzte Lm der Vor-R, *1 Lm, 1 fM um die folg Lm, ab * stets wdh, die ersten 2 zus abgemaschten Stb der Vor-R bleiben unbehäkelt = 27 M.

3. R: In Wolkenblau, wie 1. R.

4. R: In Rosé, 1 Lm (zählt nicht als M), 1 fM in die letzten 2 zus abgemaschten Stb der Vor-R, 1 fM um die folg Lm, *1 Lm, 1 fM um die folg Lm, ab * stets wdh, 1 fM in das 1. Stb der Vor-R.

5. R: In Umbrabraun, 3 Lm und 1 Stb um die folg Lm (= erste zus abgemaschte Stb), *1 Lm, 2 Stb zus abmaschen, davon das 1. Stb um dieselbe Lm wie das vorherige Stb und das 2. Stb um die folg Lm arbeiten, ab * stets wdh, jedoch bei den letzten 2 zus abgemaschten Stb das 2. in die 1. fM der Vor-R arbeiten = 25 M.

6. R: In Zartgrün, wie 4. R.

7. R: In Flieder, 3 Lm (= 1 Stb), 2 Stb zus abmaschen, davon das 1. Stb in die letzte fM der Vor-R und das 2. Stb um die folg Lm arbeiten, *1 Lm, 2 Stb zus abmaschen, davon das 1. Stb

um dieselbe Lm wie das vorherige Stb und das 2. Stb um die folg Lm arbeiten, ab * stets wdh, jedoch bei den letzten 2 zus abgemaschten Stb das 2. in die 1. fM der Vor-R arbeiten, 1 Stb in dieselbe fM.
8. R: In Wolkenblau, 1 Lm (zählt nicht als M), 1 fM in das letzte Stb der Vor-R, *1 Lm, 1 fM um die folg Lm, ab * stets wdh, dabei die letzte fM in die 3. Anfangs-Lm der Vor-R arbeiten.
Wie folgt weiterarbeiten, dabei die Streifenfolge wie beim Rückenteil fortsetzen:
9.–15. R: Wie 1.–7. R = 21 M.
16. R: 1 Lm (zählt nicht als M), 1 fM in die letzten 2 zus abgemaschten Stb der Vor-R, 1 fM um die folg Lm, *1 Lm, 1 fM um die folg Lm, ab * stets wdh, 1 fM in die ersten 2 zus abgemaschten Stb der Vor-R = 19 M.
17. R: Wie 7. R.
18.–31. R: Die 16.+17. R 7x häkeln = 5 M.
32. R: Wie 16. R = 3 M.
33. R: 3 Lm, 2 Stb zus abmaschen. Die Arbeit beenden.

ACHTUNG!
Die folgenden Teile werden mit fM gehäkelt. Beim Häkeln in Rd beginnt jede Rd mit 1 Wende-Lm, die nicht als M zählt, und endet mit 1 Km in die 1. fM, um die Rd zu schließen. Nach jeder Rd die Arbeit wenden. Beim Häkeln in R beginnt jede R ebenfalls mit 1 Wende-Lm, die nicht als M zählt.

Kopf
Mit Nd Nr. 4 in Savanne 2 Lm anschl. Nach jeder folg Rd die Arbeit wenden.
1. Rd (rechte Seite): 8 fM in die 2. Lm ab Nd häkeln, mit 1 Km in die 1. fM zur Rd schließen = 8 M.
2. Rd: 1 Lm, 2 fM in jede fM, 1 Km = 16 M.
3. Rd: 1 Lm, *1 fM in die folg fM, 2 fM in die folg fM, ab * 8x häkeln, 1 Km = 24 M.
4. Rd: 1 Lm, 2 fM in die 1. fM, je 1 fM in die folg 10 fM, je 2 fM in die folg 2 fM, je 1 fM in die folg 10 fM, 2 fM in die letzte fM, 1 Km = 28 M.
5. Rd: 1 Lm, 2 fM in die 1. fM, je 1 fM in die folg 12 fM, je 2 fM in die folg 2 fM, je 1 fM in die folg 12 fM, 2 fM in die letzte fM, 1 Km = 32 M.
6. Rd: 1 Lm, je 1 fM in die ersten 15 fM, je 2 fM in die folg 2 fM, je 1 fM in die letzten 15 fM, 1 Km = 34 M.
7. Rd: 1 Lm, 2 fM in die 1. fM, je 1 fM in die folg 15 fM, je 2 fM in die folg 2 fM, je 1 fM in die folg 15 fM, 2 fM in die letzte fM, 1 Km = 38 M.
8. Rd: 1 Lm, je 1 fM in die ersten 18 fM, je 2 fM in die folg 2 fM, je 1 fM in die letzten 18 fM, 1 Km = 40 M.
9. Rd: 1 Lm, 2 fM in die 1. fM, je 1 fM in die folg 18 fM, je 2 fM in die folg 2 fM, je 1 fM in die folg 18 fM, 2 fM in die letzte fM, 1 Km = 44 M.
10. Rd: 1 Lm, je 1 fM in die ersten 21 fM, je 2 fM in die folg 2 fM, je 1 fM in die letzten 21 fM, 1 Km = 46 M.
11. Rd: 1 Lm, je 1 fM in die ersten 22 fM, je 2 fM in die folg 2 fM, je 1 fM in die letzten 22 fM, 1 Km = 48 M.
12. Rd: 1 Lm, 1 fM in jede fM, 1 Km.

13.–20. Rd: Wie 12. Rd.
21. Rd: 1 Lm, 2 fM zus abmaschen, je 1 fM in die folg 20 fM, 2x 2 fM zus abmaschen, je 1 fM in die folg 20 fM, 2 fM zus abmaschen, 1 Km = 44 M.
22. Rd: 1 Lm, je 1 fM in die ersten 20 M, 2x 2 fM zus abmaschen, je 1 fM in die letzten 20 M, 1 Km = 42 M.
23. Rd: 1 Lm, je 1 fM in die ersten 19 M, 2x 2 fM zus abmaschen, je 1 fM in die letzten 19 M, 1 Km = 40 M.
24. Rd: 1 Lm, 2 fM zus abmaschen, je 1 fM in die folg 14 fM, 4x 2 fM zus abmaschen, je 1 fM in die folg 14 fM, 2 fM zus abmaschen, 1 Km = 34 M.
25. Rd: 1 Lm, je 1 fM in die ersten 13 M, 4x 2 fM zus abmaschen, je 1 fM in die letzten 13 M, 1 Km = 30 M.
26. Rd: 1 Lm, je 1 fM in die ersten 13 M, 2x 2 fM zus abmaschen, je 1 fM in die letzten 13 M, 1 Km = 28 M.
27. Rd: 1 Lm, 2 fM zus abmaschen, je 1 fM in die folg 10 fM, 2x 2 fM zus abmaschen, je 1 fM in die folg 10 fM, 2 fM zus abmaschen, 1 Km = 24 M.
28. Rd: Wie 12. Rd. Faden abschneiden und mit Elfenbein anschlingen. Für das Halsband mit Schleife wie folgt weiterarbeiten:
29. Rd: 1 Lm, 1 fM in jede fM, dabei nur in die vorderen M-Glieder einstechen, 1 Km.
30. Rd: Wie 12. Rd.
31. Rd: 1 Lm, je 1 fM in die ersten 17 fM, 18 Lm, 1 fM übergehen, je 1 fM in die letzten 6 fM, 1 Km = 41 M.
32. Rd: 1 Lm, je 1 fM in die ersten 6 fM, je 1 fM in die folg 18 Lm, je 1 fM in die letzten 17 fM, 1 Km.
33. Rd: 1 Lm, je 1 fM in die ersten 17 fM, 1 Stb in die übergangene fM der 30. Rd, dabei die Schlaufe in der Mitte umfassen, je 1 fM in die letzten 6 fM, 1 Km = 24 M.
34. Rd: Wie 12. Rd.
35. Rd: 1 Lm, 1 fM in jede fM der Vor-Rd, dabei gleichzeitig in die hinteren M-Glieder der entsprechenden M der 28. R einstechen, 1 Km.
Den Kopf mit Füllwatte ausstopfen.
36. Rd: 1 Lm, *1 fM in die folg fM, 2 fM zus abmaschen, ab * 8x häkeln, 1 Km = 16 M.
37. Rd: 1 Lm, 8x 2 fM zus abmaschen, 1 Km = 8 M.
38. Rd: 1 Lm, 4x 2 fM zus abmaschen, 1 Km = 4 M. Die Arbeit beenden.

Arm (2x)
Mit Nd Nr. 4 in Savanne 2 Lm anschl. Nach jeder folg Rd die Arbeit wenden.
1. Rd (rechte Seite): 8 fM in die 2. Lm ab Nd häkeln, mit 1 Km in die 1. fM zur Rd schließen = 8 M.
2. Rd: 1 Lm, *1 fM in die folg fM, 2 fM in die folg fM, ab * 4x häkeln, 1 Km = 12 M.
3. Rd: 1 Lm, *je 1 fM in die folg 2 fM, 2 fM in die folg fM, ab * 4x häkeln, 1 Km = 16 M.
4. Rd: 1 Lm, 1 fM in jede fM, 1 Km.
5.+6. Rd: Wie 4. Rd.
7. Rd: 1 Lm, *2 fM zus abmaschen, je 1 fM in die folg 2 fM, ab * 4x häkeln, 1 Km = 12 M.
8. Rd: 1 Lm, 6x 2 fM zus abmaschen, 1 Km = 6 M.
9. Rd: 2 fM in jede M = 12 M.
Nun in R weiterarbeiten.
10.–22. Rd: Wie 4. Rd. Faden zum Annähen hängen lassen.

Bein (2x)

Mit Nd Nr. 4 in Umbrabraun 4 Lm anschl. Nach jeder folg Rd die Arbeit wenden.

1. Rd (rechte Seite): 2 fM in die 2. Lm ab Nd, 1 fM in die folg Lm, 4 fM in die letzte Lm. Dann an der Unterseite der Lm-Kette weiterhäkeln: 1 fM in die folg Lm, 2 fM in die folg Lm, mit 1 Km in die 1. fM zur Rd schließen = 10 M.

2. Rd: 1 Lm, 2 fM in jede fM, 1 Km = 20 M.

3. Rd: 1 Lm, 1 fM in jede fM, 1 Km.

4.+5. Rd: Wie 3. Rd.

6. Rd: 1 Lm, je 1 fM in die ersten 8 fM, 2x 2 fM zus abmaschen, je 1 fM in die letzten 8 fM, 1 Km = 18 M.

7. Rd: 1 Lm, je 1 fM in die ersten 7 fM, 2x 2 fM zus abmaschen, je 1 fM in die letzten 7 fM, 1 Km = 16 M.

8. Rd: 1 Lm, je 1 fM in die ersten 4 fM, 4x 2 fM zus abmaschen, je 1 fM in die letzten 4 fM, 1 Km = 12 M. Faden abschneiden und mit Rosé anschlingen.

9. Rd: 1 Lm, 1 fM in jede fM, dabei nur in die vorderen M-Glieder einstechen, 1 Km.

Nur linkes Bein

10. Rd: 1 Lm, je 1 fM in die ersten 8 fM, 14 Lm, 1 fM übergehen, je 1 fM in die letzten 3 fM, 1 Km = 25 M.

11. Rd: 1 Lm, je 1 fM in die ersten 3 fM, 1 fM in die folg 14 Lm, je 1 fM in die letzten 8 fM, 1 Km.

12. Rd: 1 Lm, je 1 fM in die ersten 8 fM, 1 Stb in die übergangene fM der 10. Rd, dabei die Schlaufe in der Mitte umfassen, je 1 fM in die letzten 3 fM, 1 Km = 12 M.

Nur rechtes Bein

10. Rd: 1 Lm, je 1 fM in die ersten 3 fM, 14 Lm, 1 fM übergehen, je 1 fM in die letzten 8 fM, 1 Km = 25 M.

11. Rd: 1 Lm, je 1 fM in die ersten 8 fM, je 1 fM in die folg 14 Lm, je 1 fM in die letzten 3 fM, 1 Km.

12. Rd: 1 Lm, je 1 fM in die ersten 3 fM, 1 Stb in die übergangene fM der 10. Rd, dabei die Schlaufe in der Mitte umfassen, je 1 fM in die letzten 8 fM, 1 Km = 12 M.

Beide Beine

13. Rd: 1 Lm, 1 fM in jede fM der Vor-Rd, dabei gleichzeitig in die hinteren M-Glieder der entsprechenden M der 9. R einstechen, 1 Km.

14.–24. Rd: Wie 3. Rd. Faden zum Annähen hängen lassen.

Inneres Ohr (2x)

Mit Nd Nr. 4 in Elfenbein 15 Lm anschl.

1. R (rechte Seite): 1 fM in die 2. Lm ab Nd, je 1 fM in die folg 12 Lm, 5 fM in die letzte Lm. Dann an der Unterseite der Lm-Kette weiterhäkeln: je 1 fM in die folg 13 Lm = 31 M.

2. R: 1 Lm, je 1 fM in die ersten 4 fM, je 1 hStb in die folg 4 fM, je 1 Stb in die folg 3 fM, je 1 hStb in die folg 2 fM, je 1 fM in die folg 2 fM, 3 fM in die folg fM, je 1 fM in die folg 2 fM, je 1 hStb in die folg 2 fM, je 1 Stb in die folg 3 fM, je 1 hStb in die folg 4 fM, je 1 fM in die letzten 4 fM = 33 M.

3. R: 1 Lm, je 1 fM in die ersten 16 fM, 3 fM in die folg fM, je 1 fM in die letzten 16 fM. Die Arbeit beenden.

Äußeres Ohr (2x)

In Savanne wie beim inneren Ohr bis zum Ende der 3. R arbeiten.

4. R: 1 Lm, 1 fM in jede fM.

Das innere Ohr mit der rechten Seite auf die rechte Seite des äußeren Ohrs legen und die 4. R noch 1x wdh, dabei jede M in die entsprechende M beider Ohrteile arbeiten. Faden zum Annähen hängen lassen. Das Ohr wenden.

Fertigstellung

Die Taschenteile von links leicht bügeln, dabei die Pflegehinweise auf der Garnbanderole beachten. Die Kanten der **Vorderteil-Öffnung** umhäkeln:

Mit Umbrabraun unten an der rechten Vorderteilhälfte anschlingen. Mit 1 Lm beginnen und fM gleichmäßig verteilt bis zum oberen Ende der Öffnung häkeln, mit 1 Lm wenden und 1 fM in jede fM der Vor-R häkeln. Faden abschneiden. Mit Zartgrün anschlingen und noch 1 R fM häkeln. Die andere Kante der Öffnung genauso umhäkeln, jedoch oben an der Öffnung beginnen. Die Schmalseiten der Blenden oben und unten annähen.

Die Seitenteile bis zu den Markierungen zwischen Rücken- und Vorderteil nähen. Oberhalb der Markierungen Rücken- und Vorderteil aneinander nähen, die letzte R offen lassen. Die Arme mit Füllwatte ausstopfen. Die letzte Rd doppelt legen und zunähen. Die Arme oberhalb der Markierung an die Naht von Rücken- und Vorderteil nähen. Den Kopf in die Öffnung von Rücken- und Vorderteil nähen.

Die Ohren flach legen, unten zunähen, dabei eine Falte einlegen. Ohren an den Kopf nähen (siehe Foto).

Nase

Mit Nd Nr. 4 in Umbrabraun 2 Lm anschl.

1. Rd (rechte Seite): 4 fM in die 2. Lm ab Nd, mit 1 Km in die 1. fM zur Rd schließen = 4 M.

2. Rd: 1 Lm, *1 fM in die folg fM, 2 fM in die folg fM, ab * 2x häkeln, 1 Km = 6 M.

3. Rd: 1 Lm, 1 fM in jede fM, 1 Km. Faden ein Stück hängen lassen. Einen Rest Füllwatte in die Nase einlegen. Die Nase auf den Kopf nähen. Mäulchen und Augen in Umbrabraun aufsticken.

Ein Bodenteil an die Unterkanten von Rücken-, Vorderteil und Seiten nähen. Dann das 2. Bodenteil an das 1. nähen, die rückwärtige Kante offen lassen. Die Pappe zurechtschneiden und zwischen die Bodenteile schieben. Zum Waschen kann die Pappe entfernt werden.

Die Beine mit Füllwatte ausstopfen und an den Boden nähen.

Aufhänger

Mit Nd Nr. 4 in Savanne 21 Lm anschl. 1 fM in die 2. Lm ab Nd und je 1 fM in jede folg Lm häkeln. Aufhänger doppelt legen und die Enden oben am Kopf festnähen.

Kissen und Decke

• • • • • • • • •

Das Kombi-Set aus Kissen und Decke sieht nicht nur in Rosarot traumhaft aus. Auch in Blautönen kommt es gut zur Geltung.

Beide Modelle entstehen aus gleichen Grundmustern und fühlen sich im weichen Rowan *Cashsoft*-Garn schön kuschelig an.

Die einzelnen Patchworkquadrate und -rechtecke sind schnell gehäkelt und lassen mit ihren raffinierten Mustern keine Langeweile aufkommen.

Die Herzmotive werden aus festen Maschen angefertigt und auf die quadratischen Felder aufgenäht. Eine Spitzenborte rahmt das Patchwork-Design geschmackvoll ein.

Die Decke gibt es in zwei Größen – eine kleine Variante für den Kinderwagen und die größere Ausführung für das Kinderbett.

Kissen

Größe
Das fertige Kissen misst 46 cm x 46 cm

Material
Rowan *RYC Cashsoft DK* in Umbrabraun (Fb 517) und Creme (Fb 500), je 100 g und Blütenrosa (Fb 520) oder Coelinblau (Fb 508), 50 g
Rowan *RYC Cashsoft Baby DK* in Puderrosa (Fb 807) oder Zartgrün (Fb 804), 150 g
Rowan *RYC Cashsoft 4 ply* in Rosé (Fb 421) oder Zartblau (Fb 424), 100 g
Häkelnadel Nr. 4
ein Kissen, 46 cm x 46 cm

Maschenprobe
Mit Nd Nr. 4: 1.–6. Rd von Feld A = 12 cm x 12 cm

Abkürzungen
Siehe Seite 117.

Feld A (2x)
Mit Nd Nr. 4 in Puderrosa oder Zartgrün 4 Lm anschl, mit 1 Km zum Ring schließen.
1. Rd (rechte Seite): 5 Lm (= 1 Stb + 2 Lm), *3 Stb in den Ring, 2 Lm, ab * 3x häkeln, 2 Stb in den Ring, 1 Km in die 3. Anfangs-Lm.
2. Rd: 1 Km in den 1. Lm-Bogen (Ecke), 7 Lm (= 1 Stb + 4 Lm), 2 Stb in denselben Bogen, *je 1 Stb in die folg 3 Stb, 2 Stb, 4 Lm und 2 Stb in den folg Bogen (Ecke), ab * 3x häkeln, je 1 Stb in die folg 3 Stb, 1 Stb in den 1. Bogen, 1 Km in die 3. Anfangs-Lm.
3. Rd: 1 Km in den 1. Lm-Bogen, 7 Lm (= 1 Stb + 4 Lm), 2 Stb in denselben Bogen, *je 1 Stb in die folg 7 Stb, 2 Stb, 4 Lm und 2 Stb in den folg Bogen, ab * 3x häkeln, je 1 Stb in die folg 7 Stb, 1 Stb in den 1. Bogen, 1 Km in die 3. Anfangs-Lm. Faden abschneiden.
4. Rd: Mit Rosé oder Zartblau am 1. Lm-Bogen anschlingen, 7 Lm (= 1 Stb + 4 Lm), 2 Stb in denselben Bogen, *je 1 Stb in die folg 11 Stb, 2 Stb, 4 Lm und 2 Stb in den folg Bogen, ab * 3x häkeln, je 1 Stb in die folg 11 Stb, 1 Stb in den 1. Bogen, 1 Km in die 3. Anfangs-Lm.
5. Rd: 1 Km in den 1. Lm-Bogen, 7 Lm (= 1 Stb + 4 Lm), 2 Stb in denselben Bogen, *je 1 Stb in die folg 15 Stb, 2 Stb, 4 Lm und 2 Stb in den folg Bogen, ab * 3x häkeln, je 1 Stb in die folg 15 Stb, 1 Stb in den 1. Bogen, 1 Km in die 3. Anfangs-Lm. Faden abschneiden.
6. Rd: Mit Umbrabraun am 1. Lm-Bogen anschlingen, 1 Lm, 3 fM in denselben Bogen, *je 1 fM in die folg 19 Stb, 6 fM in den folg Bogen, ab * 3x häkeln, je 1 fM in die folg 19 Stb, 3 fM in den 1. Bogen, 1 Km in die 1. fM. Faden abschneiden.
7. Rd: Mit Creme an der 4. fM einer Ecke anschlingen, 4 Lm (= 1 Stb + 1 Lm), 1 Stb in dieselbe Einstichstelle, *[1 Lm, 1 fM übergehen, 1 Stb in die folg fM] 12x, 1 Lm, dann 1 Stb, 1 Lm, 1 Stb, 1 Lm und 1 Stb in die nächste fM (= Ecke), ab * 3x häkeln, [1 Lm, 1 fM übergehen, 1 Stb in die folg fM] 12x,

1 Lm, 1 Stb in die Einstichstelle des 1. Stb, 1 Lm, 1 Km in die 3. Anfangs-Lm. Faden abschneiden.

8. Rd: Mit Puderrosa oder Zartgrün am mittl Stb einer Ecke anschlingen, 4 Lm (= 1 Stb + 1 Lm), 1 Stb in dieselbe Einstichstelle, *[1 Lm, 1 Stb um die folg Lm] 15x, 1 Lm, dann 1 Stb, 1 Lm, 1 Stb, 1 Lm und 1 Stb in das mittl Eck-Stb, ab * 3x häkeln, [1 Lm, 1 Stb um die folg Lm] 15x, 1 Lm, 1 Stb in die Einstichstelle des 1. Stb, 1 Lm, 1 Km in die 3. Anfangs-Lm. Faden abschneiden.

9. Rd: Mit Rosé oder Zartblau am mittl Stb einer Ecke anschlingen, 3 Lm (= 1. Stb), 1 Stb in dieselbe Einstichstelle, *1 Lm, 1 Stb um die folg Lm, [1 Stb in das folg Stb, 1 Lm, 1 Stb in das folg Stb, 1 Stb um die folg Lm, 1 Lm, 1 Stb um die folg Lm] 5x, 1 Stb in das folg Stb, 1 Lm, 1 Stb in das folg Stb, 1 Stb um die folg Lm, 1 Lm, 3 Stb in das mittl Eck-Stb, ab * 4x häkeln, jedoch an der letzten Ecke anstelle von 3 Stb nur 1 Stb in die Einstichstelle des 1. Stb, 1 Km in die 3. Anfangs-Lm. Faden abschneiden.

10. Rd: Mit Blütenrosa oder Coelinblau am mittl Stb einer Ecke anschlingen, 4 Lm (= 1 Stb + 1 Lm), 1 Stb in dieselbe Einstichstelle, *[1 Stb in das folg Stb, 1 Lm, 1 Stb in das folg Stb] 13x, dann 1 Stb, 1 Lm, 1 Stb, 1 Lm und 1 Stb in das mittl Eck-Stb, ab * 4x häkeln, jedoch an der letzten Ecke anstelle von 3 Stb nur 1 Stb in die Einstichstelle des 1. Stb, 1 Lm, 1 Km in die 3. Anfangs-Lm. Faden abschneiden.

11. Rd: Mit Umbrabraun am mittl Stb einer Ecke anschlingen, 1 Lm, 3 fM in dasselbe Stb, *je 1 fM in die folg 43 M, 3 fM in das mittl Eck-Stb, ab * 3x häkeln, je 1 fM in die folg 43 M, 1 Km in die 1. fM. Die Arbeit beenden.

Feld B (8x)
Wie Feld A bis zum Ende der 6. Rd arbeiten.

Feld C (4x)
Mit Nd Nr. 4 in Puderrosa oder Zartgrün 30 Lm anschl.
1. R (rechte Seite): 1 Stb in die 6. Lm ab Nd, *2 Lm übergehen, 5 Stb in die folg Lm, 2 Lm übergehen, 1 Stb in die folg Lm, 1 Lm, 1 Lm übergehen, 1 Stb in die folg Lm, ab * stets wdh = 3 Mustersätze.
2. R: 4 Lm (= 1 Stb + 1 Lm), 1 Stb in das folg Stb, *2 Stb übergehen, 5 Stb in das folg Stb, 2 Stb übergehen, 1 Stb in das folg Stb, 1 Lm, 1 Stb in das folg Stb, ab * stets wdh, dabei das letzte Stb in die 3. Anfangs-Lm der Vor-R arbeiten. Die 2. R stets wdh, bis das Feld die Höhe von Feld A erreicht hat. Faden abschneiden.

Umrandung (rechte Seite): Mit Umbrabraun an der rechten oberen Ecke anschlingen, 1 Lm und 2 fM in das 1. Stb, 1 fM um die folg Lm, *je 1 fM in die folg 7 Stb, 1 Lm übergehen, ab * 2x häkeln, je 1 fM in die folg 7 Stb, 1 fM um die folg Lm, 3 fM in das Stb an der linken Ecke. Dann 43 fM gleichmäßig verteilt in den linken Rand bis zum Anschlag häkeln, 3 fM in die 1. Lm des Anschlags, 1 fM in die folg Lm, *je 1 fM in die folg 7 Lm, 1 Lm übergehen, ab * 2x häkeln, je 1 fM in die folg 8 Lm, 3 fM in die letzte Lm des Anschlags. Dann 43 fM gleichmäßig verteilt in den rechten Rand häkeln, 1 fM in dieselbe Einstichstelle wie die ersten 2 fM, 1 Km in die 1. fM. Faden abschneiden.

Feld D (4x)

Mit Nd Nr. 4 in Rosé oder Zartblau 47 Lm anschl.

1. R (rechte Seite): 1 fM in die 2. Lm ab Nd, 1 fM in die folg Lm, *3 Lm übergehen, 7 Stb in die folg Lm, 3 Lm übergehen, je 1 fM in die folg 3 Lm, ab * 4x häkeln, 3 Lm übergehen, 4 Stb in die letzte Lm = 4,5 Mustersätze. Mit Creme anschlingen.

2. R: In Creme, 1 Lm, je 1 fM in die ersten 2 Stb, *3 LM, 7 zus abgemaschte Stb in die folg 7 M, 3 Lm, je 1 fM in die folg 3 Stb, ab * 4x häkeln, 3 Lm, 4 zus abgemaschte Stb in die letzten 4 M.

3. R: In Creme, 3 Lm (= 1 Stb), 3 Stb in die 1. M, *3 Lm übergehen, je 1 fM in die folg 3 fM, 3 Lm übergehen, 7 Stb in die folg M, ab * 4x häkeln, 3 Lm übergehen, je 1 fM in die letzten 2 fM.

4. R: In Rosé oder Zartblau, 3 Lm, die 1. M übergehen, 3 zus abgemaschte Stb in die folg 3 M, *3 Lm, je 1 fM in die folg 3 Stb, 3 Lm, 7 zus abgemaschte Stb in die folg 7 M, ab * 4x häkeln, 3 Lm, je 1 fM in die letzten 2 M.

5. R: In Rosé oder Zartblau, 1 Lm, je 1 fM in die ersten 2 fM, *3 Lm übergehen, 7 Stb in die folg M, 3 Lm übergehen, je 1 fM in die folg 3 fM, ab * 4x häkeln, 3 Lm übergehen, 4 Stb in die 3 zus abgemaschten Stb.

6.–9. R: Wie 2.–5. R.

10.–12. R: Wie 2.–4. R. Fäden abschneiden.

Umrandung (rechte Seite): Mit Umbrabraun an der rechten oberen Ecke anschlingen, 1 Lm, 2 fM in die 1. fM, 1 fM in die folg fM, 2 fM in den folg Lm-Bogen, *1 fM in die folg M, 3 fM in den folg Bogen, je 1 fM in die folg 3 fM, 3 fM in den folg Bogen, ab * 4x häkeln, 3 fM in die 3 zus abgemaschten Stb (= Ecke). Dann 23 fM gleichmäßig verteilt in den linken Rand bis zum Anschlag häkeln, 3 fM in die 1. Lm des Anschlags (= Ecke), *3 fM in den folg Lm-Bogen, je 1 fM in die folg 3 Lm, 3 fM in den folg Bogen, 1 fM in die folg Lm, ab * 4x häkeln, 2 Lm in den folg Bogen, 1 fM in die folg Lm, 3 fM in die folg Lm (= Ecke). Dann 23 fM gleichmäßig verteilt in den rechten Rand häkeln, 1 fM in dieselbe Einstichstelle wie die ersten 2 fM, 1 Km in die 1. fM. Faden abschneiden.

Herz (10x)

Mit Nd Nr. 4 in Blütenrosa oder Coelinblau 2 Lm anschl.

1. R (rechte Seite): 3 fM in die 2. Lm ab Nd häkeln = 3 M. Jede folg R beginnt mit 1 Wende-Lm, die nicht als M zählt.

2. R: 1 Lm, 2 fM in die 1. fM, 1 fM in die folg fM, 2 fM in die letzte fM = 5 M.

3. R: 1 Lm, 2 fM in die 1. fM, je 1 fM in die folg 3 fM, 2 fM in die letzte fM = 7 M.

4. R: 1 Lm, 1 fM in jede fM.

5. R: 1 Lm, 2 fM in die 1. fM, je 1 fM in die folg 5 fM, 2 fM in die letzte fM = 9 M.

6. R: Wie 4. R.

7. R: 1 Lm, 2 fM in die 1. fM, je 1 fM in die folg 7 fM, 2 fM in die letzte fM = 11 M.

8.–10. R: Wie 4. R.

11. R: 1 Lm, 2 fM zus abmaschen, je 1 fM in die folg 3 fM, die restl 6 M unbehäkelt lassen. Wenden.

12. R: 1 Lm, 2x 2 fM zus abmaschen. Faden abschneiden. Die mittl M der 10. R auslassen, an der folg fM neu anschlingen und wie folgt weiterarbeiten:

11. R: 1 Lm, je 1 fM in die folg 3 fM, 2 fM zus abmaschen.

12. R: 1 Lm, 2x 2 fM zus abmaschen. Faden abschneiden. Das Herz mit Nd Nr. 4 in Umbrabraun umranden, dabei liegt die rechte Seite oben. An der unteren Herzspitze anschlingen, 1 Lm, 3 fM in die Herzspitze und weiter fM gleichmäßig um die ganze Herzform häkeln, dabei zwischen den beiden Herzbogen 3 fM zus abmaschen. Mit 1 Km in die 1. fM an der Herzspitze enden.

Fertigstellung

1 Feld A, 4 Felder B, je 2 Felder C und D für die Kissenvorderseite anordnen (siehe Foto auf Seite 98) und zusammennähen. Die Kissenrückseite genauso zusammensetzen. Die Herzen mittig auf die Felder A und B nähen. Vorder- und Rückseite auf 46 cm x 46 cm spannen und von links leicht bügeln, dabei die Pflegehinweise auf der Garnbanderole beachten.

Für die **Umrandung** der Kissenvorderseite mit Umbrabraun an einer Eck-M anschlingen.

1. Rd (rechte Seite): 1 Lm, 2 fM in dieselbe Eck-M – die 1. dieser 2 fM markieren (= Eck-M), *95 fM in den Rand bis zur nächsten Ecke häkeln, 3 fM in die Eck-M – die 2. dieser 3 fM markieren, ab * 4x häkeln, jedoch an der letzten Ecke anstelle von 3 fM nur 1 fM in die Einstichstelle der ersten 2 fM, 1 Km in die 1. fM = 392 M. Faden abschneiden und mit Creme anschlingen.

2. Rd: 4 Lm (= 1 Stb + 1 Lm) – die 3. Lm markieren, 1 Stb in dieselbe Einstichstelle, *je 1 fM mit 1 Lm übergehen und 1 Stb in die folg fM bis zur markierten Eck-M, dann 1 Lm, 1 Stb – dieses Stb markieren, 1 Lm und 1 Stb in dieselbe Eck-M, ab * 4x häkeln, jedoch an der letzten Ecke nach 1 Lm nur 1 Stb in die Eck-M, 1 Lm, 1 Km in die 3. Anfangs-Lm. Faden abschneiden und mit Puderrosa oder Zartgrün anschlingen.

3. Rd: 4 Lm (= 1 Stb + 1 Lm) – die 3. Lm markieren, 1 Stb in dieselbe Einstichstelle, *je 1 Lm und 1 Stb um die folg Lm bis vor die markierte Eck-M, 1 Lm, dann 1 Stb, 1 Lm, 1 Stb, 1 Lm und 1 Stb in dieselbe Eck-M – das 2. dieser 3 Stb markieren, ab * 4x häkeln, jedoch an der letzten Ecke nur 1 Stb in die Eck-M, 1 Lm, 1 Km in die 3. Anfangs-Lm. Faden abschneiden und mit Rosé oder Zartblau anschlingen.

4. Rd: 3 Lm (= 1. Stb) – die 3. Lm markieren, 1 Stb in dieselbe Einstichstelle, *1 Lm, 1 Stb um die folg Lm, [1 Stb in das folg Stb, 1 Lm, 1 Stb in das folg Stb, 1 Stb um die folg Lm, 1 Lm, 1 Stb um die folg Lm] bis zur drittletzten Lm vor der markierten Eck-M, 1 Stb in das folg Stb, 1 Lm, 1 Stb in das folg Stb, 1 Stb um die folg Lm, 1 Lm, dann 3 Stb in die markierte Eck-M – das 2. dieser 3 Stb markieren, ab * 4x häkeln, jedoch an der letzten Ecke nur 1 Stb in die Eck-M, 1 Km in die 3. Anfangs-Lm. Faden abschneiden und mit Blütenrosa oder Coelinblau anschlingen.

5. Rd: 4 Lm (= 1 Stb + 1 Lm) – die 3. Lm markieren, 1 Stb in dieselbe Einstichstelle, *[1 Stb in das folg Stb, 1 Lm, 1 Stb in das folg Stb] bis vor die markierte Eck-M, dann 1 Stb, 1 Lm, 1 Stb, 1 Lm und 1 Stb in die Eck-M – das 2. dieser 3 Stb markieren, ab * 4x häkeln, jedoch an der letzten Ecke nur 1 Stb in die Eck-M, 1 Lm, 1 Km in die 3. Anfangs-Lm. Faden abschneiden und mit Umbrabraun anschlingen.

6. Rd: 1 Lm, 2 fM in dieselbe Einstichstelle – die 1. dieser 2 fM markieren, *1 fM in jede M bis vor die markierte Eck-M häkeln, 3 fM in die Eck-M – die 2. dieser 3 fM markieren, ab * 4x häkeln, jedoch an der letzten Ecke nur 1 fM in die Eck-M, 1 Km in die 1. fM. Faden abschneiden und mit Puderrosa oder Zartgrün anschlingen.

7. Rd: 3 Lm, 2 zus abgemaschte Stb, 2 Lm – diesen Lm-Bogen markieren, und 3 zus abgemaschte Stb in dieselbe Einstichstelle, *5 Lm, 4 fM übergehen, [3 zus abgemaschte Stb in die folg fM, 5 Lm, 5 fM übergehen] bis zur 6. fM vor der markierten Eck-M, 3 zus abgemaschte Stb in die folg fM, 5 Lm, 4 fM übergehen, dann 3 zus abgemaschte Stb, 2 Lm – diesen Bogen markieren, und 3 zus abgemaschte Stb in die Eck-M, ab * 4x häkeln, jedoch an der letzten Ecke nur 1 Km in die ersten 2 zus abgemaschten Stb. Faden abschneiden und mit Rosé oder Zartblau anschlingen.

8. Rd: 8 Lm (= 1 Stb + 5 Lm), 1 Stb in die 5. Lm ab Nd, *1 Stb in den Eck-Bogen, 5 Lm und 1 Stb in die 5. Lm ab Nd, 1 Stb in denselben Eck-Bogen, 5 Lm und 1 Stb in die 5. Lm ab Nd, [1 Stb in die folg 3 zus abgemaschten Stb, 5 Lm, 1 Stb in die 5. Lm ab Nd, 1 Stb in den folg Lm-Bogen, 5 Lm, 1 Stb in die 5. Lm ab Nd] bis zum letzten Lm-Bogen vor der Ecke, 1 Stb in die folg 3 zus abgemaschten Stb, 5 Lm, 1 Stb in die 5. Lm ab Nd ab * 4x häkeln, jedoch an der letzten Ecke mit 1 Km in die 3. Anfangs-Lm enden. Die Arbeit beenden.

Die Kissenrückseite an die Außenkanten der Felder der Vorderseite nähen, eine Kante offen lassen. Das Kissen einschieben, die Öffnung zunähen.

Decke

Größe
Die Kinderwagen-Decke misst 96 cm x 96 cm und die Kinderbett-Decke 130 cm x 130 cm, inklusive Umrandung

Material
Kinderwagen-Decke
Rowan *RYC Cashsoft DK* in Umbrabraun (Fb 517) und Creme (Fb 500), je 150 g und Blütenrosa (Fb 520) oder Coelinblau (Fb 508), 100 g
Rowan *RYC Cashsoft Baby DK* in Puderrosa (Fb 807) oder Zartgrün (Fb 804), 250 g
Rowan *RYC Cashsoft 4 ply* in Rosé (Fb 421) oder Zartblau (Fb 424), 200 g

Kinderbett-Decke
Rowan *RYC Cashsoft DK* in Umbrabraun (Fb 517), 250 g und Blütenrosa (Fb 520) oder Coelinblau (Fb 508) und Creme (Fb 500), je 150 g
Rowan *RYC Cashsoft Baby DK* in Puderrosa (Fb 807) oder Zartgrün (Fb 804), 400 g
Rowan *RYC Cashsoft 4 ply* in Rosé (Fb 421) oder Zartblau (Fb 424), 300 g
Häkelnadel Nr. 4

Maschenprobe
Mit Nd Nr. 4: 1.–6. Rd von Feld A = 12 cm x 12 cm

Abkürzungen
Siehe Seite 117.

Anmerkung
Die folgende Anleitung gilt für beide Decken. Die Angaben für die Kinderwagen-Decke stehen vor der Klammer, die Angaben für die Kinderbett-Decke in Klammern.

Felder
4 (9) Felder A wie beim Kissen auf Seite 96 und 97 häkeln.
9 (16) Felder B wie beim Kissen auf Seite 97 häkeln.
6 (12) Felder C wie beim Kissen auf Seite 97 häkeln.
6 (12) Felder D wie beim Kissen auf Seite 99 häkeln.

DECKEN-SCHEMA
Das Schema zeigt die Anordnung der Felder für beide Größen. Das komplette Schema gilt für die Kinderbett-Decke, der markierte Bereich für die kleinere Kinderwagen-Decke.

Kinderwagen-Decke

B	D	B	D	B	D	B
C	A	C	A	C	A	C
B	D	B	D	B	D	B
C	A	C	A	C	A	C
B	D	B	D	B	D	B
C	A	C	A	C	A	C
B	D	B	D	B	D	B

Herzen
13 (25) Felder A wie beim Kissen auf Seite 99 häkeln.

Fertigstellung
Die Felder laut Schema zu einem großen Quadrat anordnen und zusammennähen. Die Herzen mittig auf die Felder A und B nähen.
Für die **Umrandung** der Decke mit Umbrabraun an einer Eck-M anschlingen.
1. Rd (rechte Seite): 1 Lm, 2 fM in dieselbe Eck-M – die 1. dieser 2 fM markieren (= Eck-M), *167 (239) fM in den Rand bis zur nächsten Ecke häkeln, 3 fM in die Eck-M – die 2. dieser 3 fM markieren, ab * 4x häkeln, jedoch an der letzten Ecke anstelle von 3 fM nur 1 fM in die Einstichstelle der ersten 2 fM, 1 Km in die 1. fM
= 680 (968) M. Faden abschneiden.
Mit Creme anschlingen und die Umrandung wie beim Kissen auf Seite 101 ab 2. Rd beschrieben arbeiten.
Die Decke von links leicht bügeln, dabei die Pflegehinweise auf der Garnbanderole beachten.

Flaschenhüllen

Sie halten Babyflaschen warm und geben den Plastikfläschchen außerdem ein attraktives Outfit.

Einfarbig vom Boden bis zur Oberkante rund gehäkelt, erhalten die Flaschenhüllen oben eine kontrastfarbene Kordel zum Verschnüren.

Als Zierde für die praktischen Überzüge kommen Sterne oder Blüten zum Einsatz – einmal in Blau-Türkis, einmal in Rosa-Rot.

Aus den Garnresten können Sie weitere Sterne oder Blumen häkeln und als Dekoration im Kinderzimmer aufhängen oder als Geschenkanhänger verwenden.

Größe
Passend für gängige Babyflaschen

Material
Rowan *Denim* in Jeansblau (Fb 229), 100 g
Rowan *Handknit Cotton* in Grüngelb (Fb 219), 50 g
Für die Blüten
Rowan 4 ply Cotton in Weiß (Fb 113), Orchidee (Fb 120) und Bonbonrosa (Fb 133), je 50 g
Für die Sterne
Rowan *4 ply Soft* in Türkis (Fb 129), Rowan *4 ply Cotton* in Beige (Fb 112) und Glockenblume (Fb 136), je 50 g
Häkelnadel Nr. 3,5 und 4

Maschenprobe
Vor dem Waschen
Mit Nd Nr. 4 und fM 17 M und 21 R
= 10 cm x 10 cm
Nach dem Waschen
Mit Nd Nr. 4 und fM 19 M und 21 R
= 10 cm x 10 cm
Anmerkung
Die Qualität Denim läuft beim 1. Waschen ein. Dies ist in der Anleitung bereits entsprechend berücksichtigt.

Abkürzungen
Siehe Seite 117.

Flaschenhüllen

Hülle

Mit Nd Nr. 4 in Jeansblau 2 Lm anschl.

1. Rd (rechte Seite): 6 fM in die 2. Lm ab Nd häkeln, mit 1 Km in die 1. fM zur Rd schließen = 6 M. Wenden.
Jede folg Rd beginnt mit 1 Wende-Lm, die nicht als M zählt, und endet mit 1 Km in die 1. fM, um die Rd zu schließen. Nach jeder Rd die Arbeit wenden.

2. Rd: 1 Lm, 2 fM in jede fM der Vor-Rd, 1 Km = 12 M.
3. Rd: 1 Lm, *1 fM in die folg fM, 2 fM in die folg fM, ab * 6x häkeln, 1 Km = 18 M.
4. Rd: 1 Lm, *je 1 fM in die folg 2 fM, 2 fM in die folg fM, ab * 6x häkeln, 1 Km = 24 M.
5. Rd: 1 Lm, *je 1 fM in die folg 3 fM, 2 fM in die folg fM, ab * 6x häkeln, 1 Km = 30 M.
6. Rd: 1 Lm, *je 1 fM in die folg 4 fM, 2 fM in die folg fM, ab * 6x häkeln, 1 Km = 36 M.
7. Rd: 1 Lm, 1 fM in jede fM, 1 Km.
8.–44. Rd: Wie 7. Rd.
45. Rd: 1 Lm, 1 fM in die 1. fM, *1 Lm, 1 fM übergehen, je 1 fM in die folg 2 fM, ab * 11x häkeln, 1 Lm, 1 fM übergehen, 1 fM in die letzte fM, 1 Km.
46.–54. Rd: Wie 7. Rd. Die Arbeit beenden.

Fertigstellung

Die Flaschenhülle heiß waschen und schleudern, dabei die Pflegehinweise auf der Garnbanderole beachten.

BÄNDCHEN

Mit Nd Nr. 4 in Grüngelb eine 40 cm lange Lm-Kette häkeln. Dann 1 fM in die 2. Lm ab Nd und 1 fM in jede folg Lm häkeln. Die Arbeit beenden.
Das Bändchen in die Löcher der 45. Rd einziehen und zur Schleife binden.
Nach Belieben Blütenmotive oder Sterne laut folgenden Anleitungen häkeln und auf die Flaschenhülle nähen.

Blütenmotive

GROSSE BLÜTE (3x)

Mit Nd Nr. 3,5 in Weiß 6 Lm anschl, mit 1 Km zum Ring schließen.

1. Rd: 1 Lm, 16 fM in den Ring, 1 Km in die 1. fM = 16 M.
2. Rd: 1 Lm, je 1 fM in die ersten 2 fM, *1 fM, 9 Lm und 1 fM in die folg fM, je 1 fM in die folg 3 fM, ab * 3x häkeln, 1 fM, 9 Lm und 1 fM in die folg fM, 1 fM in die letzte fM, 1 Km in die 1. fM. Faden abschneiden und mit Orchidee anschlingen.
3. Rd: 1 Lm, 1 fM in die 1. fM, *2 fM übergehen, 2 hStb, 17 Stb und 2 hStb in den folg Lm-Bogen, 2 fM übergehen, 1 fM in die folg fM, ab * 4x häkeln, dabei die letzte fM durch 1 Km in die 1. fM ersetzen. Faden abschneiden und mit Bonbonrosa anschlingen.
4. Rd: 1 Lm, 1 fM in die 1. fM, *5 Lm, 2 hStb und 3 Stb übergehen, 1 fM in das folg Stb, 1 Picot (= 3 Lm, 1 Km in die 1. Lm), 5 Lm, 4 Stb übergehen, 1 fM in das folg Stb, 1 Picot, 5 Lm, 4 Stb übergehen, 1 fM in das folg Stb, 1 Picot, 5 Lm, 3 Stb und 2 hStb übergehen, 1 fM in die folg fM, ab * 4x

häkeln, dabei die letzte fM durch 1 Km in die 1. fM ersetzen. Die Arbeit beenden.
2 weitere große Blüten häkeln – eine in Orchidee und eine in Bonbonrosa.

Kleine Blüte (2x)

Mit Nd Nr. 3,5 in Weiß 6 Lm anschl, mit 1 Km zum Ring schließen.
1. Rd: 1 Lm, 16 fM in den Ring, 1 Km in die 1. fM = 16 M.
2. Rd: 1 Lm, je 1 fM in die ersten 2 fM, *1 fM, 5 Lm und 1 fM in die folg fM, je 1 fM in die folg 3 fM, ab * 3x häkeln, 1 fM, 5 Lm und 1 fM in die folg fM, 1 fM in die letzte fM, 1 Km in die 1. fM. Faden abschneiden und mit Orchidee anschlingen.
3. Rd: 1 Lm, 1 fM in die 1. fM, *2 fM übergehen, 2 hStb, 7 Stb und 2 hStb in den folg Lm-Bogen, 2 fM übergehen, 1 fM in die folg fM, ab * 4x häkeln, dabei die letzte fM durch 1 Km in die 1. fM ersetzen. Faden abschneiden und mit Bonbonrosa anschlingen.
4. Rd: 1 Lm, 1 fM in die 1. fM, *3 Lm, 2 hStb übergehen, 1 fM in das folg Stb, 1 Picot (= 3 Lm, 1 Km in die 1. Lm), 3 Lm, 2 Stb übergehen, 1 fM in das folg Stb, 1 Picot, 3 Lm, 2 Stb übergehen, 1 fM in das folg Stb, 1 Picot, 3 Lm, 2 hStb übergehen, 1 fM in die folg fM, ab * 4x häkeln, dabei die letzte fM durch 1 Km in die 1. fM ersetzen. Die Arbeit beenden.
Knötchenstiche um die Blütenmitte sticken. Die Blüten verteilt auf die Flaschenhülle nähen.

Sternmotive
Grosser Stern (3x)

Mit Nd Nr. 3,5 in Türkis 10 Lm anschl, mit 1 Km zum Ring schließen.
1. Rd: 4 Lm (= 1. Dstb), 29 Dstb in den Ring häkeln, 1 Km in die 4. Anfangs-Lm = 30 M.
2. Rd: 1 Lm, 1 fM in das 1. Dstb, *6 Lm, 1 fM in die 2. Lm ab Nd, je 1 hStb, 1 Stb, 1 Dstb, 1 dreif Stb in die folg 4 Lm, 4 Dstb der 1. Rd übergehen, 1 fM in das folg Dstb, ab * 6x häkeln, dabei die letzte fM durch 1 Km in die 1. fM ersetzen. Die Arbeit beenden.
2 weitere große Sterne häkeln – einen in Beige und einen in Glockenblume.

Kleiner Stern (2x)

Mit Nd Nr. 3,5 in Türkis 5 Lm anschl, mit 1 Km zum Ring schließen.
1. Rd: 1 Lm, 15 fM in den Ring häkeln, 1 Km in die 1. fM = 15 M.
2. Rd: 1 Lm, 1 fM in die 1. fM, *5 Lm, 1 fM in die 2. Lm ab Nd, je 1 hStb, 1 Stb, 1 Dstb in die folg 3 Lm, 2 fM der 1. Rd übergehen, 1 fM in die folg fM, ab * 5x häkeln, dabei die letzte fM durch 1 Km in die 1. fM ersetzen. Die Arbeit beenden.
Einen weiteren kleinen Stern in Beige häkeln.
Die Sterne verteilt auf die Flaschenhülle nähen.
Knötchenstiche in Grüngelb um die Sterne sticken.

Geschenk-Deko

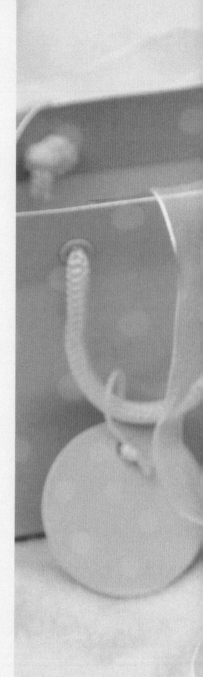

Das selbstgehäkelte Geschenk für ein neugeborenes Baby ist fertig, nun fehlt nur noch eine stilvolle Verpackung.

Sorgfältig in Seidenpapier gehüllt, wird das Geschenk in einer schönen Schachtel mit Organzabändchen und gehäkelter Spitzenschleife überreicht. Dazu eine Glückwunschkarte, dekoriert mit winzigen Häkel-Schühchen, und die Überraschung ist perfekt!

Diese kleinen Accessoires sind schnell gemacht und sorgen für eine ganz persönliche Note.

Karte

Größe
Das fertige Schühchen ist 3 cm lang.

Material
Coats *Perlgarn 8* in Babyrosa (Fb 48) oder Babyblau (Fb 128), 10 g
Häkelnadel Nr. 1,5
eine Doppelkarte
Füllwatte, ein Rest
Alleskleber
Organzabändchen

Maschenprobe
Mit Nd Nr. 1,5: 1.–2. Rd = 1,5 cm x 3 cm

Abkürzungen
Siehe Seite 117.

Geschenk-Deko

Schühchen (2x)

Mit Nd Nr. 1,5 in Babyrosa oder Babyblau 8 Lm anschl.

1. Rd (rechte Seite): 2 fM in die 2. Lm ab Nd, je 1 fM in die folg 5 Lm, 4 fM in die letzte Lm. Dann an der Unterseite der Lm-Kette weiterhäkeln: je 1 fM in die folg 5 Lm, 2 fM in die folg Lm, mit 1 Km in die 1. fM zur Rd schließen = 18 M. Wenden.

2. Rd: 1 Lm, je 2 fM in die ersten 2 fM, je 1 fM in die folg 2 fM, je 1 hStb in die folg 2 fM, 2 hStb in die folg fM, 2 Stb in die folg fM, je 3 Stb in die folg 2 fM, 2 Stb in die folg fM, 2 hStb in die folg fM, je 1 hStb in die folg 2 fM, je 1 fM in die folg 2 fM, je 2 fM in die letzten 2 fM, 1 Km in die 1. fM = 30 M. Wenden.

3. Rd: 1 Lm, 1 fM in jede M, dabei nur in die hinteren M-Glieder einstechen, 1 Km in die 1. fM. Wenden.

4. R: 1 Lm, je 1 fM in die ersten 16 fM, 3 fM zus abmaschen. Wenden.

5. R: 1 Lm, je 1 fM in die ersten 3 M, 3 fM zus abmaschen. Wenden.
6. R: 1 Lm, je 1 fM in die ersten 4 M, je 1 fM in die letzten 11 fM der 3. Rd. Wenden.
7. Rd: 1 Lm, 2 fM zus abmaschen, je 1 fM in die folg 8 fM, 2 fM zus abmaschen, je 1 fM in die folg 2 fM, 2 fM zus abmaschen, je 1 fM in die folg 8 fM der 4. R, 2 fM zus abmaschen, 1 Km in die ersten 2 zus abgemaschten fM = 22 M. Wenden.
8. Rd: 1 Lm, je 1 fM in die ersten 9 M, 2x 2 fM zus abmaschen, je 1 fM in die letzten 9 M, 1 Km in die 1. fM = 20 M. Wenden.
9. Rd: 1 Lm, je 1 fM in die ersten 6 fM, 3 Lm, 8 M übergehen, je 1 fM in die letzten 6 fM, 1 Km in die 1. fM. Wenden.
10. Rd: 1 Lm, je 1 fM in die ersten 6 fM, je 1 fM in die folg 3 Lm, je 1 fM in die letzten 6 fM, 1 Km in die 1. fM. Die Arbeit beenden.

Fertigstellung
Etwas Füllwatte zur Unterstützung der Form in die Schuhspitze einlegen. Die Schühchen auf die Doppelkarte kleben. Das Band um die Karte zur Schleife binden oder eine Schleife aufkleben.

Spitzenbändchen

Größe
Das fertige Bändchen ist 3,5 cm breit

Material
Coats *Perlgarn* 8 in Rosa (Fb 49) oder Aqua (Fb 167), 10 g
Das Garn reicht für eine Bändchenlänge von ca. 90 cm
Häkelnadel Nr. 1,5

Maschenprobe
Mit Nd Nr. 1,5: 1 Mustersatz = 3 cm

Abkürzungen
Siehe Seite 117.

Bändchen
Mit Nd Nr. 1,5 in Rosa oder Aqua eine Lm-Kette in gewünschter Länge häkeln, M-Zahl teilbar durch 11 + 3.
1. R (rechte Seite): 1 fM in die 2. Lm ab Nd und 1 fM in jede folg Lm häkeln.
2. R: 1 Lm, je 1 fM in die ersten 2 fM, *3 Lm, 4 fM übergehen, dann 1 Dstb, 1 Lm, 1 Dstb, 1 Lm, 1 Dstb, 1 Dstb, 1 Lm und 1 Dstb in die folg fM, 3 Lm, 4 fM übergehen, je 1 fM in die folg 2 fM, ab * stets wdh.
3. R: 1 Lm, 1 fM in die 1. fM, *4 fM um den folg Lm-Bogen, [3 Lm, 1 fM um die folg Lm] 4x, 3 Lm, 4 fM um den folg Lm-Bogen, ab * stets wdh, 1 fM in die letzte fM, je 1 Km in das Ende der 1. und 2. R, dann an der Unterseite des Anschlags 1 fM in jede Lm häkeln. Wenden und die 2. R häkeln, dann die 3. R bis zur letzten fM häkeln. Die Arbeit beenden.

Fertigstellung
Das Bändchen spannen und von links leicht bügeln, dabei die Pflegehinweise auf der Garnbanderole beachten.
Die Rosette auf der Schachtel im Foto besteht aus 5 ca. 12 cm langen Bändchen, die zur Schlaufe gelegt und in der Mitte zusammengefasst werden. Eventuell dünnen Blumen- oder Schmuckdraht in die Bändchen einführen, um die Rosette in Form zu halten oder mit Wäschestärke einsprühen.

Allgemeine Erklärungen

Häkeln ist eine leicht zu erlernende Handarbeitstechnik, und die Modelle in diesem Buch sind mit einfachen Mustern gearbeitet.

Wenn Sie Anfänger sind, sollten Sie sich zunächst mit der Handhaltung und Fadenführung sowie den Grundmaschen vertraut machen.

Sie können mit den unterschiedlichsten Materialien häkeln, vom feinen Baumwollhäkelgarn über Wolle oder Mischgarne bis hin zu Bändern und Schnüren. Für die meisten Modelle in diesem Buch sind Standardstrickgarne verwendet worden. Jede Häkelarbeit beginnt mit einem Luftmaschenanschlag, in den die Maschen für das entsprechende Muster gearbeitet werden.

Der Erfolg beim Häkeln ist abhängig von der Fadenspannung und der gleichmäßigen Ausführung der Maschen. Für einen Häkelanfänger ist es deshalb empfehlenswert, die grundlegenden Schritte ein wenig zu üben, bevor mit dem gewünschten Modell begonnen wird.

Wichtig für das Gelingen einer Häkelarbeit ist auch – wie beim Stricken – die Maschenprobe, um ein schönes Maschenbild und die entsprechende Größe eines Modells zu erzielen (mehr zur Maschenprobe siehe Seite 116).

Handhaltung und Fadenführung

Es gibt verschiedene Möglichkeiten, eine Häkelnadel zu halten. Sie kann wie ein Stift in die Hand genommen werden, oder sie wird in der Handfläche, zwischen Daumen und den restlichen Fingern gehalten.

Das Garn wird (bei Rechtshändern) mit den Fingern der linken Hand geführt. Den Faden einmal um den kleinen Finger wickeln und über den Zeigefinger legen, so kann die Fadenspannung reguliert werden. Mit Daumen und Zeigefinger wird das Häkelstück festgehalten, dies erleichtert das Einstechen der Häkelnadel in die betreffende Masche und das Durchziehen der Fadenschlinge.

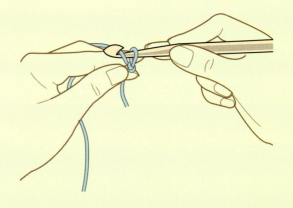

Grundmaschen

Anfangsschlinge

Basis für jede Häkelarbeit ist eine Anfangsschlinge auf der Häkelnadel. Dafür das Garn zu einer Schlinge legen und zwischen Zeigefinger und Daumen festhalten. Den vom Knäuel kommenden Faden hinter die Schlinge legen und mit der Häkelnadel nach vorne holen, so dass eine Schlinge auf der Nadel liegt, beide Fadenenden festhalten und die Schlinge zuziehen.

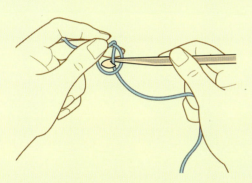

Luftmaschenanschlag

Zuerst eine Anfangsschlinge bilden. Die Nadel laut Pfeil in der Abbildung über und unter dem Faden herführen und eine Schlinge durch die Schlinge auf der Nadel ziehen. Diesen Vorgang wiederholen.

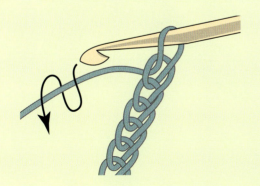

Kettmaschen

Die niedrigste und einfachste Masche ist die Kettmasche. Sie wird für einen festen Rand oder zum Befestigen eines neuen Fadens verwendet. Um Kettmaschen auf eine Luftmaschenkette zu häkeln, mit der Häkelnadel in die 2. Luftmasche von der Nadel aus einstechen, den Faden erfassen und durch die Luftmasche und die Schlinge auf der Nadel ziehen.

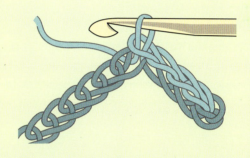

Beenden einer Häkelarbeit

Wenn ein Häkelstück fertig ist, den Faden bis auf ca. 7 cm abschneiden. Das Fadenende durch die letzte Schlinge ziehen und anziehen. Das Fadenende auf der Rückseite der Arbeit mit einer Stricknadel ohne Spitze vernähen.

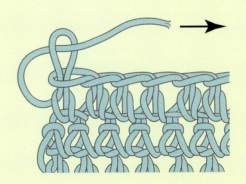

Feste Maschen

Die feste Masche ist eine einfache und sehr gebräuchliche Masche beim Häkeln, in den Anleitungen mit „fM" abgekürzt. Feste Maschen bilden eine dichte, sehr stabile Fläche.

So wird es gemacht

1 Einen Luftmaschenanschlag (siehe Seite 113) häkeln, dann in die 2. Luftmasche von der Häkelnadel aus einstechen, den Faden mit der Nadel erfassen (= einen Umschlag auf die Nadel nehmen).
2 Die Häkelnadel durch die Luftmasche ziehen, so dass zwei Schlingen auf der Nadel liegen.
3 Den Faden um die Häkelnadel schlingen und durch die beiden Schlingen auf der Nadel ziehen. Auf diese Weise in jede Luftmasche ein feste Masche häkeln. In den folgenden Reihen eine Wende-Luftmasche (siehe unten) arbeiten und eine feste Masche in jede Masche der vorhergehenden Reihe häkeln.

1

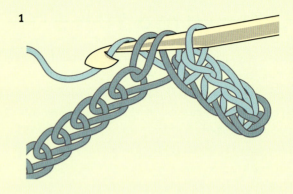

2

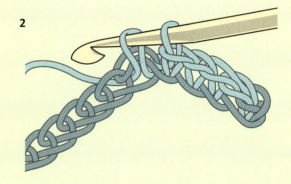

3

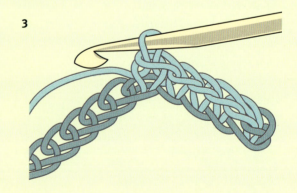

In Reihen arbeiten

Am Ende einer Reihe wird die Häkelarbeit gewendet. Am Anfang der nächsten Reihe ist eine bestimmte Anzahl Luftmaschen – Wende-Luftmaschen – nötig, um die entsprechende Höhe für die folgenden Maschen zu erreichen. Unten stehende Auflistung gibt die Zahl der Wende-Luftmaschen an, die für alle Grundmaschenarten erforderlich sind. Die Wende-Luftmaschen für halbe Stäbchen und höhere Stäbchen zählen als erste Masche der Reihe.

Wende-Luftmaschen
Kettmasche – 1 Lm
feste Masche – 1 Lm
halbes Stäbchen – 2 Lm
Stäbchen – 3 Lm
Doppelstäbchen – 4 Lm
dreifaches Stäbchen – 5 Lm
vierfaches Stäbchen – 6 Lm

Allgemeine Erklärungen

Halbe Stäbchen

Ein halbes Stäbchen wird in den Anleitungen mit „hStb" abgekürzt. Es wird ähnlich wie die feste Masche gearbeitet, jedoch wird zuvor ein zusätzlicher Umschlag auf die Nadel genommen. Das Maschenbild ist etwas weicher und flexibler als bei festen Maschen

So wird es gemacht

1 Einen Luftmaschenanschlag häkeln, dann den Faden um die Nadel schlingen und in die 3. Luftmasche von der Häkelnadel aus einstechen.
2 Einen Umschlag auf die Nadel nehmen und durch die Luftmasche ziehen, so dass drei Schlingen auf der Nadel liegen.
3 Den Faden wieder um die Häkelnadel schlingen und durch alle drei Schlingen auf der Nadel ziehen. In jede Luftmasche ein halbes Stäbchen häkeln. Am Anfang der folgenden Reihen zuerst zwei Wende-Luftmaschen arbeiten, die erste Masche der vorherigen Reihe auslassen und in jede folgende Masche ein halbes Stäbchen häkeln. Das letzte halbe Stäbchen einer Reihe in die obere Wende-Luftmasche arbeiten.

Stäbchen und höhere Maschen

Mit Stäbchen entsteht ein luftiges Maschenbild, das noch weicher als bei festen Maschen und halben Stäbchen ist. Für ein Stäbchen einen Umschlag auf die Nadel nehmen, in die 4. Luftmasche von der Nadel aus einstechen, den Faden erfassen und durch die Luftmasche ziehen. Faden holen und durch die ersten beiden Schlingen ziehen. Faden nochmals holen und durch die letzten beiden Schlingen ziehen. Ein Stäbchen in jede Luftmasche häkeln. Die folgenden Reihen wie beim halben Stäbchen arbeiten, jedoch mit drei Wende-Luftmaschen beginnen.
Höhere Maschen – Doppelstäbchen, dreifache und vierfache Stäbchen – werden wie Stäbchen gearbeitet, beginnen jedoch mit zwei, drei oder vier Umschlägen.

1

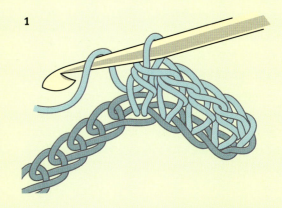

2

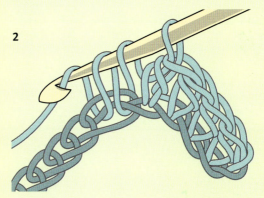

3

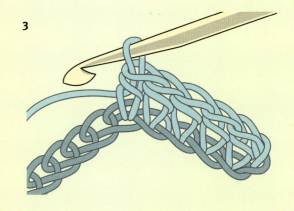

In Runden häkeln

Häkelstücke, die eine runde Form erhalten sollen, wie zum Beispiel die Lätzchen auf Seite 70–75, werden mit einem Luftmaschenring begonnen. Dafür werden Anfang und Ende einer Luftmaschenkette verbunden.

Einen Luftmaschenanschlag (siehe Seite 113) mit der in der Anleitung angegebenen Anzahl Luftmaschen arbeiten. Mit der Häkelnadel in die erste Luftmasche einstechen, den Faden holen (Abb. 1) und durch die Luftmasche und die Schlinge auf der Nadel ziehen = Kettmasche (Abb. 2). Dann wie angegeben in Runden weiterhäkeln.

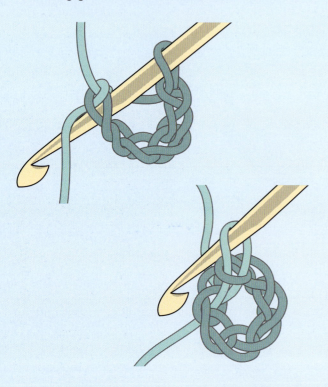

Maschenprobe

Um sicherzustellen, dass Ihr Häkelstück der gewünschten Größe entspricht, sollte vor Beginn der Arbeit eine Maschenprobe angefertigt werden.

In den Anleitungen ist stets angegeben, wieviele Reihen und Maschen erforderlich sind, damit das fertige Modell die entsprechende Größe erhält. Um die Größe Ihrer Häkelmaschen zu kontrollieren, häkeln Sie ein Quadrat von etwa 13 cm x 13 cm im angegebenen Muster mit angegebener Nadelstärke. Dann zählen Sie die Anzahl der Reihen und Maschen über 10 cm x 10 cm dieses Quadrats. Ist das Ergebnis identisch mit der Maschenprobe in der Anleitung, kann mit dem Modell begonnen werden. Sind Maschen- und Reihenzahl höher, verwenden Sie eine dickere Nadel, sind sie niedriger, häkeln Sie mit dünnerer Nadel.

Spannen

Sind die verschiedenen Teile eines Häkelmodells fertig, sollten sie erst einmal gespannt und falls möglich leicht gedämpft werden. Dazu unbedingt die Pflegehinweise des Garnherstellers beachten, die auf der Garnbanderole zu finden sind.

Jedes Teil mit der linken Seite nach oben auf einer weichen, ebenen Unterlage ausbreiten und die Außenkanten mit Stecknadeln in kurzen Abständen feststecken, dabei die in der Anleitung angegebenen Maße berücksichtigen. Dann ein sauberes, feuchtes Tuch darüber legen und mit leichtem Druck bügeln. Häkelteile mit plastischer Struktur nicht bügeln, sondern nur unter dem feuchten Tuch trocknen lassen. Wenn das Häkelteil trocken ist, die Stecknadeln entfernen.

Nähte

Häkelteile werden mit einer Sticknadel ohne Spitze und dem Garn, aus dem die Teile gehäkelt wurden, zusammengenäht. Ist das Garn sehr dick, kann es geteilt und ein einzelner Faden davon verwendet werden.

Steppstiche oder auch überwendliche Stiche eignen sich sehr gut für Nähte in Häkelteilen.

Die zusammenzunähenden Teile werden mit den linken Seiten aufeinander gelegt und festgesteckt. Die Steppstiche arbeitet man innerhalb der Randmaschen.

Allgemeine Erklärungen

Hinweise zu den Anleitungen

Abkürzungen
Folgende Abkürzungen sind in den Anleitungen in diesem Buch verwendet:

abn	abnehmen
anschl	anschlagen
beids	beidseitig
Dstb	Doppelstäbchen
dreif Stb	dreifaches Stäbchen
Fb	Farbe
fM	feste Masche
folg	folgende(r)
Hinr	Hinreihe
hStb	halbes Stäbchen
Km	Kettmasche
Lm	Luftmasche
M	Masche
mittl	mittlere(r)
Nd	Nadel
R	Reihe(n)
restl	restliche(r)
Rd	Runde(n)
Rückr	Rückreihe
Stb	Stäbchen
wdh	wiederholen
zun	zunehmen
zus	zusammen

* Angaben, die nach diesem Zeichen folgen, fortlaufend bis zum Ende einer Reihe oder Runde bzw. so oft wie angegeben wiederholen.

[ ] Angaben, die in eckigen Klammern zusammengefasst sind, so oft wiederholen wie hinter der Klammer angegeben.

Größenangaben
Bei Modellen, die in mehreren Größen angegeben sind, steht die kleinste Größe vor der Klammer, die folgenden in Klammern, jeweils getrennt durch Schrägstriche. Ist nur eine Angabe vorhanden, gilt sie für alle Größen.

Zusammen Abmaschen

Feste Maschen
Für jede feste Masche eine Schlinge aus der Masche der Vor-Reihe bzw. Vor-Runde durchholen, einen Umschlag aufnehmen und durch alle auf der Nadel liegenden Schlingen ziehen.

Stäbchen
*Einen Umschlag aufnehmen, eine Schlinge aus der Masche der Vor-Reihe bzw. Vor-Runde durchholen, einen Umschlag aufnehmen und durch 2 Schlingen der Nadel ziehen, ab * für jedes Stäbchen wiederholen, dann einen Umschlag aufnehmen und durch alle auf der Nadel liegenden Schlingen ziehen.

Dreifache Stäbchen
*3 Umschläge aufnehmen, eine Schlinge aus der Masche der Vor-Reihe bzw. Vor-Runde durchholen, mit je einem Umschlag 3x 2 Schlingen abmaschen, ab * für jedes Dreifache Stäbchen wiederholen, dann einen Umschlag aufnehmen und durch alle auf der Nadel liegenden Schlingen ziehen.

Garne

Im Folgenden sind die Garne beschrieben, die für die Anfertigung der Modelle in diesem Buch verwendet wurden. Da die Garnhersteller ihre Produktpalette von Saison zu Saison aktualisieren, kann nicht garantiert werden, dass bestimmte Garne nach längerer Zeit noch erhältlich sind. Das beste Ergebnis lässt sich jedoch mit dem in der Anleitung angegebenen Originalgarn erzielen. Auf Seite 120 sind die Adressen der Vertriebsstellen von Rowan-Garnen aufgelistet. Bei diesen Firmen können Sie sich über einen Anbieter in Ihrer Nähe informieren. Für Länder, die dort nicht aufgeführt sind, wenden Sie sich am besten direkt an den Hersteller in England (UK).

Die folgenden Informationen zu den verwendeten Rowan-Garnen enthalten auch Angaben zur Lauflänge und zur Maschenprobe, die beim Stricken zugrunde gelegt wird. Diese Angaben sind hilfreich für die Auswahl eines Ersatzgarns mit gleicher Stärke. Die benötigte Menge eines Ersatzgarns kann ebenfalls anhand der Lauflänge bestimmt werden. Die Banderolen der Garne geben darüberhinaus wichtige Informationen zu Waschbarkeit und Pflege des Materials.

COATS PERLGARN 8
Ein dünnes, zweifach gezwirntes Stickgarn aus Baumwolle, erhältlich in Geschäften, die Stickgarne anbieten.

ROWAN CALMER
Ein mittelschweres Baumwoll-Mischgarn; 75% Baumwolle, 25% Polyacryl/Microfaser; Lauflänge ca. 160 m/50 g; Maschenprobe – 21 Maschen und 30 Reihen auf 10 cm x 10 cm, mit Nadeln Nr. 5 glatt rechts gestrickt.

ROWAN COTTON GLACÉ
Ein leichtes Baumwollgarn; 100% Baumwolle; Lauflänge ca. 115 m/50 g; Maschenprobe 23 Maschen und 32 Reihen auf 10 cm x 10 cm, mit Nadeln Nr. 3,25–3,75 glatt rechts gestrickt.

ROWAN DENIM
Ein mittelschweres Baumwollgarn; 100% Baumwolle; Lauflänge ca. 93 m/50 g; Maschenprobe 20 Maschen und 28 Reihen (vor dem Waschen), 20 Maschen und 32 Reihen (nach dem Waschen) auf 10 cm x 10 cm, mit Nadeln Nr. 4 glatt rechts gestrickt.

ROWAN 4 PLY COTTON
Ein leichtes Baumwollgarn; 100% Baumwolle; Lauflänge ca. 170 m/50 g; Maschenprobe 27–29 Maschen und 37–39 Reihen auf 10 cm x 10 cm, mit Nadeln Nr. 3–3,25 glatt rechts gestrickt.

ROWAN HANDKNIT COTTON
Ein mittelschweres Baumwollgarn; 100% Baumwolle; Lauflänge ca. 85 m/50 g; Maschenprobe 19–20 Maschen und 28 Reihen auf 10 cm x 10 cm, mit Nadeln Nr. 4–4,5 glatt rechts gestrickt.

ROWAN RYC CASHCOTTON 4 PLY
Ein leichtes Baumwoll-Mischgarn; 35% Baumwolle, 25% Polyamid, 18% Angora, 13% Viskose, 9% Kaschmir; Lauflänge ca. 180 m/50 g; Maschenprobe 28 Maschen und 36 Reihen auf 10 cm x 10 cm, mit Nadeln Nr. 3,25 glatt rechts gestrickt.

ROWAN RYC CASHSOFT BABY DK
Ein mittelschweres Wolle-Kaschmir-Mischgarn; 57% Merinowolle extra fein, 33% Microfaser, 10% Kaschmir; Lauflänge ca. 130 m/50 g; Maschenprobe 22 Maschen und 30 Reihen auf 10 cm x 10 cm, mit Nadeln Nr. 4 glatt rechts gestrickt.

ROWAN RYC CASHSOFT DK
Ein mittelschweres Wolle-Kaschmir-Mischgarn; 57% Merinowolle extra fein, 33% Microfaser, 10% Kaschmir; Lauflänge ca. 130 m/50 g; Maschenprobe 22 Maschen und 30 Reihen auf 10 cm x 10 cm, mit Nadeln Nr. 4 glatt rechts gestrickt.

ROWAN RYC CASHSOFT 4 PLY
Ein leichtes Wolle-Kaschmir-Mischgarn; 57% Merinowolle extra fein, 33% Microfaser, 10% Kaschmir; Lauflänge ca. 180 m/50 g; Maschenprobe 28 Maschen und 36 Reihen auf 10 cm x 10 cm, mit Nadeln Nr. 3,25 glatt rechts gestrickt.

Danksagung der Autorin

Ich möchte den kleinen Kindern danken, die für dieses Buch Modell gestanden haben, Amelia, Mia und Ellie, ihren Müttern und auch meiner eigenen Tochter Maddie. Sie alle waren Stars! Ebenso danke ich Susan, John und Anne für die Zusammenstellung der Seiten, Sue fürs Häkeln und Anleitungschreiben, Sally für das Redigieren der Texte, und dem Rowan-Team für seine Unterstützung.
Danke auch an Julian und unsere Kinder für ihre Geduld während lauter kleine Kinder und Häkelmodelle unser Haus belagerten!

Bezugsquellen

Folgende Liste enthält die internationalen Vertriebsfirmen von Rowan Handstrickgarnen; wenden Sie sich an diese Adressen, um einen Anbieter in Ihrer Umgebung/Ihrem Land zu finden, oder direkt an den Hersteller in England (UK) oder die Rowan Internetseite.
Weitere Informationen zu den Garnen siehe Seite 118 und 119.

AUSTRALIEN
Australian Country Spinners, 314 Albert Street, Brunswick, Victoria 3056.
Tel: (03) 9380 3888.
E-Mail: sales@auspinners.com.au

BELGIEN
Pavan, Meerlaanstraat 73, B9860 Balegem (Oosterzele).
Tel: (32) 9 221 8594.
E-Mail: pavan@pandora.be

DEUTSCHLAND
Wolle & Design, Wolfshovener Strasse 76, 52428 Julich-Stetternich. Tel: (49) 2461 54735.
E-Mail: Info@wolleunddesign.de
www.wolleunddesign.de
Coats GMBH, Eduardstrasse 44, D-73084 Salach. Tel: (49) 7162/14-346. www.coatsgmbh.de

FINNLAND
Coats Opti Oy, Ketjutie 3, 04220 Kerava.
Tel: (358) 9 274 871.
Fax: (358) 9 2748 7330.
E-Mail: coatsopti.sales@coats.com

FRANKREICH
Elle Tricot, 8 Rue du Coq, 67000 Strasbourg.
Tel: (33) 3 88 23 03 13.
E-Mail: elletricot@agat.net
www.elletricote.com

HONG KONG
East Unity Co Ltd, Unit B2,
7/F Block B, Kailey Industrial Centre,
12 Fung Yip Street, Chai Wan.
Tel: (852) 2869 7110.

ISLAND
Storkurinn, Laugavegi 59, 101 Reykjavik.
Tel: (354) 551 8258.
E-Mail: malin@mmedia.is

ITALIEN
D.L. srl, Via Piave 24–26, 20016 Pero, Milan.
Tel: (39) 02 339 10 180.

JAPAN
Puppy Co Ltd, T151-0051, 3-16-5 Sendagaya, Shibuyaku, Tokyo.
Tel: (81) 3 3490 2827.
E-Mail: info@rowan-jaeger.com

KANADA
Diamond Yarn, 9697 St Laurent, Montreal, Quebec H3L 2N1.
Tel: (514) 388 6188.
Diamond Yarn (Toronto), 155 Martin Ross, Unit 3, Toronto, Ontario M3J 2L9.
Tel: (416) 736-6111.
E-Mail: diamond@diamondyarn.com

KOREA
Coats Korea Co Ltd, 5F Kuckdong B/D, 935-40 Bangbae-Dong, Seocho-Gu, Seoul.
Tel: (82) 2 521 6262. Fax: (82) 2 521 5181.

NIEDERLANDE
de Afstap, Oude Leliestraat 12, 1015 AW Amsterdam. Tel: (31) 20 6231445.

NORWEGEN
Coats Knappehuset A/S, Postboks 63, 2801 Gjovik. Tel: (47) 61 18 34 00.

SINGAPORE
Golden Dragon Store, 101 Upper Cross Street #02-51, People's Park Centre, Singapore.
Tel: (65) 6 5358454.

SCHWEDEN
Wincent, Norrtullsgatan 65, 113 45 Stockholm.
Tel: (46) 8 33 70 60.
E-Mail: wincent@chello.se

SPANIEN
Oyambre, Pau Claris 145, 80009 Barcelona.
Tel: (34) 670 011957.
E-Mail: comercial@oyambreonline.com

SÜDAFRIKA
Arthur Bales PTY, PO Box 44644, Linden 2104.
Tel: (27) 11 888 2401.

TAIWAN
Laiter Wool Knitting Co Ltd, 10-1 313 Lane, Sec 3, Chung Ching North Road, Taipei.
Tel: (886) 2 2596 0269.
Mon Cher Corporation, 9F No 117 Chung Sun First Road, Kaoshiung. Tel: (886) 7 9711988.

UK
Rowan Yarns, Green Lane Mill,
Holmfirth, West Yorkshire HD9 2DX.
Tel: 01484 681881.
E-Mail: mail@knitrowan.com
www.knitrowan.com

USA
Westminster Fibers Inc,
4 Townsend West, Suite 8, Nashua, NH 03063.
Tel: +1 (603) 886-5041/5043.
E-Mail: rowan@westminsterfibers.com